# 我的七个美国老师
## 我在美国的中学课堂

[美] 矿 矿 著

[美] 黄全愈 陈 彤 译

中国人民大学出版社

·北京·

**图书在版编目(CIP)数据**

我的七个美国老师:我在美国的中学课堂/(美)矿矿著;(美)黄全愈,陈彤译.
北京:中国人民大学出版社,2010
(黄全愈教育文集)
ISBN 978-7-300-12375-2

Ⅰ.①我…
Ⅱ.①矿… ②黄… ③陈…
Ⅲ.①教学法—美国
Ⅳ.①G424.1

中国版本图书馆 CIP 数据核字(2010)第 122436 号

朗朗書房

黄全愈教育文集

**我的七个美国老师**——我在美国的中学课堂

[美]矿矿 著　[美]黄全愈　陈彤 译

Wo de Qi Ge Meiguo Laoshi

| | | |
|---|---|---|
| **出版发行** | 中国人民大学出版社 | |
| **社　址** | 北京中关村大街 31 号 | **邮政编码**　100080 |
| **电　话** | 发行热线:010 - 51502011 | |
| | 编辑热线:010 - 51502017 | |
| **网　址** | http://www.longlongbook.com(朗朗书房网) | |
| | http://www.crup.com.cn(人大出版社网) | |
| | http://www.ttrnet.com(人大教研网) | |
| **经　销** | 新华书店 | |
| **印　刷** | 北京凯达印务有限公司 | |
| **规　格** | 165 mm×240 mm　16 开本 | **版　次**　2010 年 8 月第 1 版 |
| **印　张** | 16.75　插页 2 | **印　次**　2010 年 8 月第 1 次印刷 |
| **字　数** | 170 000 | **定　价**　26.80 元 |

# 说声"再见"，
# 让记忆照亮我前进的道路

从来没有人告诉我应该怎么说"再见"，直到最近我意识到我不得不对那么多事、那么多人，说那么多次"再见"。对自己深爱的东西说"再见"，并不是件容易的事。这是我在童年时想也没想过的。然而，作为一个男子汉必须如此。

17岁那年，我刚写完我的第二本书（《中国小鬼 美国论剑》，本次出版改名为《我和我的美国同学》），正好碰上爸爸的《生存教育在美国》要出版。他让我帮他写序言，我糊里糊涂地答应了，谈的是"生存"的含义。那个时候的我赞赏"要忙碌着活不要忙碌着死"的说法。九年过去了，所幸的是，我仍持此观点；但我又意识到了这种生存观的另外一层含义。

忙碌着活，就必须对你的一些过去说"再见"。进取伴随着岁月的流逝，也伴随着流逝带来的挣扎。既"物是人非"又"人是物非"。生活过的地方，你带不走；曾经的朋友各奔前程，你也留不住。少年时，我未曾想过这些。我以为把珍贵的留下，然后，融入另外的生活，这样就带走了一切。因此，改变并不意味着什么。如果我曾想过的话，我一定以为我能带走一切：人、事、物。如今，我想这大概就是"童话"。孩子的思维讲道理吗？只朝前，不向后，大概就是如此。

成就事业如此艰难，是因为你必须为此作出相应的放弃。来美国，就不得不离开中国；精通英语，中文却生疏了；上小学，就得离别幼儿园的朋友和老师……如此这般地发生在小学、初中、高中、大学的生活里。即便现在，作为一个在纽约的律师楼工作的实习生，我知道明年我又要告别法学院的朋友们而步入职业生涯；然后成家立业，一路还有更多的道别。每一次的人生变换，都让记忆中的某部分留在了身后。尽管我曾试图把所有这些都留在身边，可岁月的冲洗就像山里的和风轻吹，一天又一天，那些曾经如此重要的东西似乎都消失得差不多了。

我曾试图站在纽约 37 楼的办公室，眺望广西崇左大山中我曾住过的那间小小农舍的屋顶——那可能是我回中国第一个想去的地方。小学四年级学拉小提琴时，我会想过今天在欣赏大型交响乐团表演时直勾勾地盯着小提琴手吗（咳，真不该让爸爸妈妈送我去学小提琴）？如果我知道，今天我连一根线条都不需要画，我当年还会用无数个夏夜冬晨学中国水彩画，并消耗许多 HB、B 和 2B 铅笔吗？如果我知道，上星期我想坐下来写首诗，却无从下笔，写作灵感似乎全都消失，我当年还会写这两本书吗？如果……

"是的，我会。" 我会毫不迟疑，从头再来！

进取的脚印从来都是落在过去的微不足道之上。

成功，哪怕只是一丝成功，既要求我们不要对过去视而不见，也要求我们必须学会对过去的说"再见"。人不可能总是一帆风顺。当我们去试着理解、认识和承受前进中的痛苦时，面对"再见"的挣扎会使你更坚强。

虽然在很长一段时间内，我没有机会再去写这样的书了，但在心灵深处，我从来没有怀疑过，写作和出版这两本书（指的是《我的七个美国老师》与《我和我的美国同学》）使我变得更像一个男子汉。因为，这留下了我深爱过的一切。

虽然，你不能带走过去，但过去会在你心中烙下印记，你也会给历史留下烙印。如果你不得不说"再见"，你的离别也会给你带来勇气和感悟。对我来说，这就是力量所在。我心里很清楚，在我为前程奋斗时，会有黑暗的时候，也会有混沌的地方；然而，我很自信那些过去的记忆会回到我的眼前，照亮我前进的道路。

矿矿

2010 年 7 月

# 目　录

# 代序：父亲读儿子的故事

我在《素质教育在美国》的"后记"里提到，矿矿听说我要出书，噼里啪啦打了10页稿子，后来，考虑到种种原因，我没有收在书里……

谁知，就是这几句话"惹的祸"，我收到了许许多多读者的来信，要求读这篇稿子。有要求中文稿的，也有要求英文稿的，还有要求中英文对照的……

2000年6月，我到南宁讲学，与接力出版社李元君社长和李子然编辑在"国际大酒店"的茶厅叙旧。我们既不谋而合，又一拍即合——出一本由矿矿自己写的，有关他的美国校园生活的英文版和中文版的书。先由矿矿用英文写，然后由我、矿矿的妈妈，还有矿矿一道翻译成中文。

喝了一口茶，我又马上冷静地声明说："我说话可还不着数，现在这小子独立性太强。父亲不能替儿子做主，我要先征求他的意见……"

当晚，我立即打电话回美国，儿子竟很爽快地同意了。

9月份，过了中秋我才结束在国内的讲学。回到美国一读儿子写的书——活脱脱一个《素质教育在美国》的学生版。

我是搞教育的，自认为对儿子是了解的。但当我读到儿子写的书——一本赤裸裸地展示自己的行为、暴露自己的想法的书时，我是时而惭愧，时而惊诧，时而愤怒，时而暗喜……


# 不尿你"理论"这一壶


我在国内时给矿矿打电话，交代他多写些可读性强的故事。

他在电话里没表示什么。但后来，妻子告诉我，矿矿在实际的写作中，不愿意光是写故事，一定要有自己的"points"（观点）才写。于是，这本书里有了不少大段的议论。

可能是"有其父必有其子"吧，也可能是我们吃饭时常常一起就教育问题"针砭时弊"吧，矿矿的不少"points"，竟然有了我的影子。

我说他受了我的影响，他说我受了他的影响。

我说他的这些"points"并不是理论，只是一些个人观点。

矿矿反驳我："您说的 points 是不是理论？如果是，为什么我说的就不是理论？"

然后，我解释了理论是怎么来的。理论是理论家们从实践中概括出来的具有普遍意义的结论，是可以用来指导实践的东西。其实，这也是一般中国人的观点。

矿矿与我辩了起来。

他甚至说："理论并不是理论家才能拥有的东西。"

他的说法和观点，让我想起了我攻读博士时与班上的美国同学和教授之间就理论和哲学这两个概念的"讨论"。

他（们）认为：理论首先应该是个人对事物的抽象认识。从个人的认识到具有普遍意义的理论，这中间并没有太大的区别。因为，每一个高深的所谓理论，都首先是由某个人，或某几个人先提出。至于理论的指导性，也实际上受到时间和地点的限制。就好像个人的观点受到个人实践的限制一样。

既然如此，矿矿的 points 也就是矿矿的理论……

哲学也好，理论也好，在我的眼里是高不可攀、玄不可言的。但矿矿和我的美国同学及同事们，把哲学和理论不当一回事。

说得形象而又粗俗一点：他（们）不尿你"理论"这一壶！因此，他在一个个有趣的故事里，就堂而皇之地搞起有趣的"理论"来。

## 留下"青春美丽痘"

听那些乳臭未干的美国黄毛小子和丫头大言不惭地说，"我认为"，"我的哲学是……"，"我的理论是……"，心里总有些既羡慕，又不太以为然。

从这本书里，读者也可以看到这本书的作者，口气也是挺不小的。他那些"认为"和"理论"，很肤浅，往往也难以经得起推敲。但难得的是他那种由衷的率真，那种藐视权威的自说自话。

这次回国讲学 4 个多月，有一点我是感触良多。

我不太喜欢一人讲、众人听的满堂灌式的报告。在一所中学，我演讲完后，请听众提问。刚才还笑声不断的会场，却突然安静了下来，没人讲话，没人提问。据说是不习惯这样提问。面对安安静静、默默无语的听众，我痛心万分。

你说那些听众中的老师们心有余悸，总是想着"别人会怎么看我的发言"，因而环顾左右不言他，也就算了。那些沉默的多数，可是我们的后代呀！他们的青春活力、他们得天独厚的青少年期的叛逆都哪里去了？

因此，我把矿矿那些大言不惭的"认为"和"理论"保留下来，尽管有不少地方是"漏洞百出"。对于这些"漏洞"，我这个几十年来"好为人师"的教育工作者，真是技痒难熬，恨不得动手改它。就像年轻时，对脸上"成熟"了的某颗青春痘，明知可能"破相"也要挤破它的那种心理。但一改，读者读到的，就是50 岁的黄全愈的"理论"，而不是 15 岁的黄矿岩的"认为"了。

乳臭未干的黄毛小子和丫头，可爱就可爱在他们"孩子之见"的大言不惭，可爱就可爱在他们的率直和漏洞百出同在。

四平八稳的长辈们，可怜就可怜在他们的环顾左右而言他的"成熟"，可怜就可怜在他们的城府和平庸世故同在。

"痘"是与青春同在，与美丽同在的。

没有了"痘"，皱纹就该出现了。

总是面面俱到，就会老气横秋，就会忽略，甚至剥夺了"孩子之见"的发言权。因此，我保留了那一颗颗让人手痒、让人欲罢不能的"青春美丽痘"。

准确地说，是我"保留"了我曾有过的想要他删改他的"理论"的意见。其实，真要删改他的"理论"，恐怕也很不容易成功。

## 只能争，不能说的"第一"

国内看过矿矿部分样稿的读者，有人认为主人翁是否有点儿太自以为是，应该收敛些。

Self-esteem，自信，或者自以为是是美国孩子的突出特点。其实，何尝又不是美国大人的特点？只不过，大人往往表露在"只可意会"的神情上，而孩子直接在语言上就"暴露无遗"了。

有一年，矿矿足球队里有个男孩叫尼克，个子虽大，但足球水平实在太一般，根本没有足球的 sense——意识。因个大，打打后卫还勉勉强强。然而，就是这个孩子，在足球队比赛时俨然像个队长，吆喝这个指挥那个；在球队练习时，又俨然是个助理教练，吩咐这个交代那个。

开始，我真以为他是队长。

矿矿说："尼克不是队长，但他自认为自己打得最好……"

后来我果真发现，足球队里，个个都认为自己是 number one，是第一号人物，矿矿当然也包括在内。

有个从泰国领养来的孩子，球技差不算，又不负责任，还不争气，打起球来，懒懒散散像根面条，连他的美国妈妈和我们在一起看球都很不好意思。但他并不认为他差，在人前从来没有矮人一截的意思。

一个中国留学生的 16 岁的孩子，前些天对矿矿说，他是最近才意识到他不是完美的，他的父母也不是完美的。

我问矿矿："那你是什么时候才意识到自己不是完美的呢？"

矿矿说："七年级！"（13 岁）

我的心灵震颤了一下。

这两个可都是中国孩子呀。

美国的教育（含社会教育、学校教育和家庭教育），把孩子的 self-esteem 看得很重。正是这种自信和自以为是，使得美国孩子能很坦然地投自己一票。

中国文化总是强调要正视自己的短处，美国文化往往更强调正视自己的长处。过多地正视自己的短处，人就容易自卑，把自己看得矮人一截；过多地正视自己的长处，人在自信的同时也容易自以为是。

这种 number one 的"头号"意识，中国孩子也是有的，但只能争，不能说。就是得了状元、冠军什么的，也只能由别人说，自己不能说。这种"只能争，不能说"的文化心态，使得我们的孩子自尊与自卑浑然一体。

时时处处总是看自己的短处，这不好。我希望孩子能坦然地看待自己的长处，又能勇敢地正视自己的短处。因此，孩子认为自己比别人强，只要"基本属实"，无可厚非，纵使稍有不实，也大可不必惊慌。

其实，这就是孩子气，也正是孩子可爱之处。

## 见多不"怪"

可能有读者会认为：怎么矿矿的美国老师都是怪怪的呢？

不可否认，美国的老师多有自己的个性。但有个性的老师能培养出有个性的孩子。

当然，矿矿的美国老师，"正常"的也不少。然而，太正常了，在孩子眼里就没有了"故事"。每天油盐酱醋的流水账，恐怕读者也不耐烦。

问题是矿矿最喜欢的老师，都有鲜明的个性、突出的特征。

我们常常说要保护孩子的个性，但我们又总是把自己的个性"包"在千人一面的社会角色里。

老罔达本是一个"不食人间烟火"的修士，但他不似一个高深莫测的老和尚，却是一个质朴的老顽童。我打心眼儿里感谢他，是他老顽童的"童真"，让矿矿在他的班里得以充分表现小顽童的童趣。

亨利克先生长着一张娃娃脸，貌不惊人，但他的人格魅力让我这个目空一切的儿子折服得五体投地。每每说起亨利克先生时的那种神情，让我这个做父亲的都有点儿不是滋味……

可惜矿矿遇到的这种老师还太少。

所谓"怪"，如果说的是老师的性格和个性，还是见多不"怪"为好。

不管老师怪不怪，他们最大的一个特点是想方设法去提供一个更宽松、更和谐、更有创造性的平台和空间给孩子，而不是把孩子禁锢在老师口沫横飞的预设标准答案内。

怎样看待孩子的活泼聪明与调皮捣蛋，这是老师功力的分野、胸襟的分野和人格魅力的分野。用矿矿的话来说，是成为一个伟大老师的诀窍所在。

在活泼聪明与调皮捣蛋之间，有功力的老师，玩于鼓掌间；无功力者四处扑火，疲于奔命。前者，获得学生的尊重，甚至在老师本人不在场的情况下，不惜为"捍卫"老师而衍生面条鸡汤的"故事"；看看后者——斯小姐，直接与学生为敌的狼狈窘态，既误人也误己。

## "画蛇添足"的话

《素质教育在美国》不过是一本普普通通的有关教育的书籍，但据《中国图书商报》的统计，目前已连续四个月（6月、7月、8月和9月）居非文艺类图书排行榜的榜首。

大量的读者来信，要求我继续写下去。

学生来信要求了解美国学生的校园生活，老师来信要求提供更多美国学校的课题研究和教学法的案例，家长来信咨询如何对待调皮的孩子……

应读者的要求，我已正在着手这方面的工作。

但我写的毕竟是黄全愈的"理论"。

能不能由矿矿自己写一写他的亲历亲闻和亲身感受呢？

然而，在一本书中满足众多读者的不同要求，对一个十几岁的孩子来说，恐怕有点儿苛刻，也勉为其难。

于是，我曾考虑：由矿矿写案例，我作教育理论方面的分析，或从文化背景和文化差异的角度去作评点。但矿矿书稿出来后，所有读过书稿的人都认为我再作评点分析，有画蛇添足之嫌。

让读者作自己的"评点分析"，意义更深些。

美国教学中丰富多彩的课题研究，美国学生文化中"酷"的概念与"努力学习"的矛盾，等等，相信不同的读者——学生、老师、家长会"各尽所能，各取所需"。

欢迎兴致未尽的读者浏览矿矿的网站：bo-shi.hypermart.net，并给我们留言。

用孩子的眼光、孩子的角度去审视大洋彼岸的校园和课堂，去探询他们的师生关系，去思考他们的教学行为，在轻松的"哈哈"笑声中去反思我们的教育观念，去分析对比我们的……

我想，这是这本书的写作和出版初衷。

黄全愈

# 一个不太安分守己的小角色

我是刚过 5 岁生日没几天来的美国。算起来，我到美国很快就有 11 年了。

在我 15 岁、快 16 岁的生命中，11 年虽然不是我的 whole life，但是，这却是目前我的主要经历。说来也简单，我的全部"丰富"的经历都来自学校——从美国的幼儿园开始，我一年年在学校里进进出出，出出进进，直到去年进了默乐高中。细一想，我竟然已前后进过了六所学校。

用 11 年的时间来研究一样东西，相信定会有所成就。同样，用 11 年的经历来体验一个东西，也一定会有所收获。

据我父母说，我到美国的第一天，一下飞机就迫不及待地向他们报告我的"新发现"——美国人骑自行车的姿势同中国人不同。美国人都是耸着肩，头前伸，翘着屁股坐在高高升起的车座上，飞快地踩着脚蹬子；而中国人呢，却是直着腰，两眼平视，稳稳地坐在矮矮的车座上，悠然自得地向前滑行。

很遗憾的是在这本书里，我不能拿中国和美国的学校来作比较。因为我的中国学校的经历实在少得太可怜了。对我曾待过的中国幼儿园，我还有些零零星星的记忆——穿红外套的老师，我的小伙伴田海，午睡老是睡不着……That's all.

其实，就是我到了美国以后上的幼儿园，对我来说也是很遥远的事了。

唯一能记得的，就是到幼儿园第二天就同一个比我大的美国孩子打了一架。为了自卫反击，我好像是咬了他一口。

另外，家里保留了我在迈卡菲幼儿园时班里拍的一盘录像带。我们班的小朋友表演根据儿童故事《斑比》（"Bambi"，一只小鹿的故事）改编的故事剧。老师给我分派了一个小小的角色，一个同鹿王的儿子斑比比赛顶角而"一败涂地"的无名小鹿。我这个初来乍到的中国小子，还不会说英语，自然也不知道什么鹿王的儿子"斑比"不"斑比"的，我只知道我不能输给任何人。于是，同扮演"斑比"的全班最大个儿的同学头顶头表演顶角比赛时，我使出全力硬顶过去。结果，鹿王的儿子不仅给我击败了，还因为被我搞疼了头大哭起来。不合剧情发展的突变，让表演乱成一团。

从"不安本分"的小角色开始，我进入了美国的学校生活，开始了我很不安分的、但充满情趣的学校生活的旅途。

我的小学一年级到三年级是在克瑞莫学校里度过的，因为克瑞莫学校只设有一到三年级。四年级和五年级时我上的是斯都尔……我使出全力硬顶过去。结果，鹿王的儿子不仅给我击败了，还因为被我搞疼了头大哭起来。不合剧情发展的突变，让表演乱成一团。

学校，这所学校也只设有两个年级。六年级时，我们家搬到了西金库市，我就上了离家只有半里远的阿迪那小学。后来，我是在拉科达学区的中学读的七年级和八年级。九年级那年，我考上了辛辛那提市一所私立男校——默乐高中。

如今，我已是默乐高中二年级（十年级，即中国的高一）的学生了。

从一开始我就不是个很安分的学生，不是老师的"宠物"。但我绝不是一个坏学生。我知道我的很多老师都是这样看我的。

老师总是会去评价学生的。做学生也当然应该对自己的老师有所评价。不过，学生评价老师的机会似乎比老师评价学生的机会要少得多。 而且，关心这种评价的人也不会很多，有谁耐烦来听一个中学生的胡说八道呢？

我感到很幸运，我竟然有个机会对我的美国老师们评头论足……

# 四种类型的老师

如果你有兴趣去问美国孩子，在他们的生活中，什么东西使他们最感到有压力，95％的孩子会告诉你："学校。"

怎么会得出这种结论呢？学校嘛，就应该是一个学习的乐园。大多数父母都是这样想的。

但事实是，对于美国孩子来说，学校几乎谈不上是个学习的地方。

我想，之所以造成这种错误认识，根源来自那些教书的人——老师！因为，很多老师几乎并不在意他们教些什么。教书不过是一种职业，一个赚了钱去养家糊口的职业。

我并不是说把教书仅仅看成是一种职业有什么大错，在美国这种社会里，对那些把生存当成第一重要的人来说，这是可以理解的。但是这种把教书只当成一种谋生手段的态度，却大大地伤害了学生。被"教过"的学生，在几天的时间里，就把刚刚才从老师那里"学"到的东西给忘掉了。

让学生感到学有所值，这是在美国成为一个伟大的老师的秘诀。

判断一个老师的优劣，除了看他或她怎样（how）教书外，再就是看他或她为什么（why）要当老师。这个 why 是教书的内在动力（inner motivation），是隐藏在老师教学行为后面的推动力。如果虽有这个推动力，但不是那么强劲，或者动机不是那么合适，那么，不但老师的教学会受到影响，学生的学习也必然受殃及。

你曾经被强迫去做一些你不愿意做的事吗？不论是去参加一种运动，或是学一种乐器，或是做一项工作。如果我上述猜测不错的话，你一定会有这样的感受：被迫去做和自愿去做的结果会很不一样。

我经常画画，在我自由支配的时间里，有时我会坐下来画上些什么东西。画画让我认识到自己的某些天赋。当我父母亲强迫我画画时，我不会去画。当我自己强迫我自己去画画时，我也不会去画。如果把画画当成一件正事，我也不会去做。再就是，如果是为了赚钱，我更不会去画。我画画只有一个原因，一个唯一的原因，这就是因为我爱画画。这很简单，被迫去画画，和被钱驱使去画画，其结果根本不可能与那些发自内心的爱好或激情驱动下画的画相比。

干你想干的事吗？这个想法在美国很难被接受，因为在这个国家里，金钱是推动一切的力量。

工作，是为了赚钱。

很少有人找个工作是因为他们喜欢去做这份工作。因为美国文化的高度聚光点，永远都是集中在金钱和财富之上的。

　　老师走上讲台的原因很多，每一个老师都有他自己的做老师的动机。如果把老师的内在动机排一排队，可以发现大致上有四种不同的老师。

　　我并不想成为教育理论家。在我的一生中，我也不想花很多的时间去想什么教育问题。我的"四种类型老师"的理论来自我自己的感受，来自我对我的老师们的观察。不论教育家们说什么，我觉得我的理论应该完全代表我的观点。

　　第一种老师，"以谋生为目的"。

　　这种老师视教书为谋生的手段，是一种赚钱的、用以养家糊口的职业。只要能把饭菜放在家庭的饭桌上，什么学生、学校、教书都是次要的。在这个充满竞争的社会里，这种动机可以理解。

　　许多人认为，美国是个充满机会，对每个人都很公平的地方。这并不完全对。美国这个国家是建立在竞争的基础上的。我与你对着干，你与我对着干，一群人与另一群人对着干，一个公司与另一个公司对着干，这就是竞争，永无休止的竞争。这些人究竟在争什么？争钱！金钱驱动着我们的整个社会。任何一个政治事件都首先离不开"钱"这个命题。

　　这就直接把我们带到第一种当老师的动力：人们为生存而赚钱，或为赚钱而生存，money to survive。不管你信不信，在美国赚钱并不容易。很多人为能找到个工作而谢天谢地，于是，他们尽一切努力去保持这份工作。工作成了他们唯一的生存方式。

　　在现实生活中，大多数老师视他们的工作为支撑自己和家庭生活的手段。虽然这并没有什么错，但是，我认为，对于一个老师来说，这种工作动力不可能带来什么太好的教学结果。其实，与其他的一些工作压力小、轻松、不很重要的职业相比，老师的收入要少得可怜。一个一般的橄榄球运动员一年所赚的钱相当于20个很成功的老师工资的总和。从这一点上看，要想赚钱养家糊口，当老师不是个很明智的选择。

当然，也有些为生存而教学的老师干得并不错。他们知道如果干得不好，他们会失掉谋生的职业。但由于是 forced to do，总会有某种心灵的缺陷。因为这种"以谋生为目的"的老师，有的只是外在的压力，缺少了内在的动力。

第二种老师，"以自傲为动力"。

在六个原罪当中，自傲（Pride）是我最爱的原罪之一，但我总是不能很好地运用它。于是，它几乎成了我干一切事情（或好或坏）的内在动力。

自傲是一些老师工作的原动力。爸爸曾给我讲过一个故事，一个同我曾祖父一个时代的学者，当年没有考上北京大学，他发誓说："我虽然考不上北大，但总有一天我要到北京大学来教书！"后来，为了实现他的誓言，他非常努力地学习，终于成了著名学者，当上了北大教授。是什么东西支撑他成功的？就是自傲！

这种老师，往往是知识渊博，功底深厚，只要能满足"自傲"，就很愿意与他人分享他们的知识。他们可能并不在意他们的付出，他们追求的是发现自我、证明自我，从中感到满足。

这类老师工作会很努力，可能会很出色。但自傲的整个根基是对失面子的恐惧。由于太重结果，他们会很在意丢脸和失意，或者被他人拒绝和反对。问题是学生们往往又最爱挑老师的不是。面对"不听话"的学生，这种老师很容易失去耐心。也就是说，自傲的另一面同样可能会使老师走上不成功之路。

第三种老师，"以教育为己任"。

有的老师以改造人的责任感来教书，或者说把教书看成自己的社会责任。这种老师在教书的过程中很注意用个人的人格力量去改造人。他们不仅向学生传授知识，更重要的是试图告诉学生怎样做人，他们往往以能影响、改变学生的生活轨道为乐趣。

这种老师走上讲台的内动力显然不是钱，也不是自己的自傲。他干这一行是因为他感到有一种责任——用人格的力量去影响、去感化学生。

就像一个武艺高强的老师傅传授武功给徒弟，他之所以要这样做，是因为他知道他掌握了极具价值的东西，他想让这些东西流传下去。

这种类型的老师很容易辨认。他或她很可能会把正常的课停一停，给你们讲一些世界名人的社会生活经历之类的东西。如果有一天，你从课堂里走出来的时候，你觉得你刚刚学到了一点东西，在那一刻，你感到它对你的一生将很有价值，或者它总是让你不断地去思考，去寻求结果，那么，祝贺你，你遇到了一个好老师。

八年级的最后一天，当我从亨利克先生的最后一节课里走出来，我意识到我在这一年中最大的收获就是：愉快地去生活！人活着的每一天不是为了悲伤。

可以说，这个观念深深地影响了我，铸成了我对生活看法的新版本：无论面对什么样的困难，都要愉快地去生活。

你看过一部叫做《死亡诗社》（*Dead Poets Society*）的美国影片吗？在一个很古板、严厉的私立高中，这个学校的学生都一心向往名牌大学，诸如斯坦福、耶鲁、普林斯顿、哈佛……他们学得很努力，成绩也非常好。但是，他们不知道应该怎样在生活中发现能令他们感到愉快的东西。自杀、精神变态、情绪压抑等，充满了学生的生活。

影星罗宾·威廉姆斯扮演一个新来的教文学的老师，他显然与其他的老教师不同。他教学生怎样去热爱生活，享受生活中的乐趣；教他们怎样去看待世界，认识世界，让他们感受到真实的世界。

其中有一幕很感人：为了让学生们明白，当你改变了看问题的角度时，世界会很不一样的道理。老师率先站到课桌上，让学生们从上往下看课堂。学生们一个接着一个站上课桌，最后全班人都站在书桌上俯视教室。后来，这个喜欢别出心裁的老师不能为学校所容，被解雇了。临走前，全班学生默默无语地站在书桌上为老师送行……

在很多方面，罗宾·威廉姆斯扮演的那个老师很像我八年级的社会研究课老师亨利克先生。他们有同样的个性和信念。

我将在后面专门用最长的一章来向你们讲亨利克先生的故事。

第四种老师，"以爱为根本"。

"labor of love"——爱的劳役，是英文中一个常用短语。它是指一个人在重压之下还是不断地去做一件自己爱做的事。他们很努力地工作，一次又一次地遭难，没有任何既得利益。

你能在现实中找到个例子吗？你做过什么事，没人强迫你做，你也没有必要去做，但是因为什么说不清的原因，你就是要做，不管经受什么样的磨难，你还是不断地坚持……

想一想父母生养孩子吧，除了增加负担，他们还得到什么？为了孩子，他们起早贪黑，孩子饿了在凌晨四点大哭，半夜起床不停地换尿布……婴儿从来就不会感到满意，也从来就不会坐下来对父母说"Good Job"或"Thanks"，当然更不会给父母以物质回报。但他们的父母任劳任怨地为孩子干这干那……

父母对孩子的爱是原始的、自然的，是写进人类基因里的。

以一种养育自己孩子的心态去教育学生的老师，是具有强烈天赋爱心的老师。我曾有过两个这样的老师。在我的一生中，我将永远不会忘记他们。在这本书的后面，我会向你们讲一讲他们的故事。这样的老师就是那一种可以让你像信任父母那样去信赖的人。这种老师应该说是最难能可贵的。但是在现实中你很难遇到这样的老师。

第三种类型的老师与第四种有交叉的地方。我总把罔达修士

和爱波伦丝太太归为第四类，特别是冈达修士，完全是心里的
"爱"在驱使他教书，我相信没有钱，他也会继续教下去。

第三种老师，虽然他们不是为了钱，但没有钱他们可能也不
一定会干。不知道为什么我总是把我最尊敬的亨利克先生划归这
一类。但心里又觉得对他不公平。如果我去问他："没有钱或少很
多钱，你还教不教我们？"我不能想象他会怎么回答我。

想一想你所拥有过的老师，他们都是属于哪一类？他或她是
你的老师，或是你的朋友？他们只是存在于校园里，或是与你的
生活同在？很遗憾，真正能在我心里占有一个永远抹不掉的席位
的好老师不太多。在我未来的求学生涯中，我甚至不敢对此有更
多的奢望。

希望在我未来的学习经历中会不断地得到第二、第三、第四
种类型的老师。当然，我很珍惜我曾有过的老师，也会很珍惜那
些即将走进我的生活的老师。

我在美国生活的 11 年，也是在美国学校生活的 11 年。我有
过许多的老师，我从他们那里学到了不少东西。细想起来，那些
我喜欢的老师，有的是因为他们独特的教学风格，有的是因为他
们的丰富的教学经验和教学方法，有的是因为他们的爱心，有的
是因为他们的个性，有的是因为他们的人格魅力……

下面，我就说一说我和我的美国老师们的故事。

# 幽默的计算机
## ——数学老师沃兹先生

在刚到默乐私立男子高中上学的第一年，除了宗教课让我感到忐忑不安外，数学课也让我的心有些悬着。

其实，入学考试，我的数学成绩是99%。这意味着满分，是最好的成绩。虽然在公立学校读初中时，我已跳级到高中修了两年数学，但很可能是私立学校对公立学校的教育质量不太放心，如果要免修这两年的高中数学，新学校要对我的代数和几何进行一次全面考察。

也就是说，我必须在短短的一个星期内，把我在过去两年的时间里学过的代数和几何都拿出来考一考。尽管如此，我还是很轻松地通过了考试，用英文说是"piece of cake"，中文的意思是像吃豆腐（蛋糕）那么容易，我通过了代数Ⅰ、几何Ⅰ和一半代数Ⅱ的考试。

默乐高中管教学的校长为此给了我个特批，我用不着像其他的高一学生那样上普通的代数和几何。

然而，在获得这个特批后，我发现我把自己推上了一个十分可笑的境地。因为我面临着一个两难选择：

如果我选修高三的代数Ⅱ和三角，就只能跟着高三的慢班。根据学校的规定，上慢班的课，所得到的学分要少于快班。如果为了得更高的学分，最佳的选择是走回头路，跟着高一的快班，再修一次普通几何课。这样是既轻松，又能获得高分。

学校的自相矛盾也真够呛！一方面要给你特批，另一方面又没有就这种特批开设相应的课程。

真是够让人头痛的吧？但请别担心！凭着堂堂男子汉的自傲，

我无论如何都不可能走回头路呀！重上高一的普通几何？没门儿。对我来说，为追求高分而放弃学习新的东西，又去重修高一的几何，无异于出卖自己，屈辱自己。

于是，我选择了高三的代数 Ⅱ 和三角。

其实从七年级（初中）开始，我就已经有了两年跳级去和大同学上课的经历。开始我都有些担心：如果他们都比我聪明怎么办？老师讲得太快了怎么办？如果我跟不上怎么办？如果有些该懂的我不懂怎么办？这些"怎么办"会让我不安一段时间。然而，最终我总会发现，这些大同学的数学水平与我相去甚远——not even close。我总是能成为他们中成绩最好的一个。说来还挺好笑的，跳级到高中上数学没几天，就有同班的大同学神秘兮兮地找到我，要我帮做作业，说是每次给我 2 美元……

好啦，这回同高三的一起上课，这就意味着我的同窗都比我大两岁，我要同那些比自己多学了两年数学、多了两年生活经历的家伙们坐在一个课堂里学习。要知道，默乐高中素有高年级同学欺负新生的传统。在我们这种年龄，差两岁就差了很多，那些高三的家伙们，脱了上衣一身肌肉，外加一身毛……

开学一个星期后，我发现我很自然地融进了这个大同学的群体，交了不少朋友。当然，我又一次成为他们中最聪明、最受欢迎的一员。

在这一年里，我相信我学到的数学知识要比以往任何一个数学课都多。原因嘛，我想这要归功于我的数学老师——沃兹先生。

# 编好程序的计算机

沃兹先生是那种在你一生中可能只会碰见一次的可遇不可求的家伙。你将很难发现有什么人在生活方式、个性，甚至言谈举止上与沃兹先生十分相似。

他是一个老师，但以一个老师的工资收入，他又拥有一个大马力的摩托车、一辆卡车和一艘游艇。

当你听到沃兹先生拥有大马力的摩托车、卡车和游艇时，哇！在你的脑子里一定会出现一个"摩托党"的形象：骑着大马力的摩托车招摇过市，留着浓密的大胡子，带着一串串的耳环和鼻环，手臂上是飞龙跃虎的刺青，还有那些稀奇古怪的发型……

现在，我要请你从完全相反的一面去想象沃兹先生：一个每天都是衬衣领带、衣冠楚楚的老师；一个穿着没有一丝皱褶，领口总是熨烫得平平整整的衬衣的绅士；一个总是把胡子修剪得一丝不乱的先生。

对了，这才是沃兹先生：光洁、整齐、一丝不苟。怎么样？多么奇怪的结合！且慢，这仅仅是他的一半——外在的沃兹先生。他还极有可能是一个你从未遇到过的最聪明、最具有数学智慧的人。

据说，他曾经在核潜艇上工作过；又有人说，他在教书之前甚至参与了核潜艇的设计……他身上总是充满了令人惊奇的东西，但看外表，他平淡无奇。

在我走进沃兹先生的教室里，成为他的学生的这一年，恰好是他在默乐高中教书的第八个年头。八年的教学积累，让沃兹先生为他的课堂建立了一套完善的教学计划，以至于他总是能使我们"忙忙碌碌"。

我把各种老师的教学方式分为两类：一类是"无序型"（radical），一类是"条理型"（methodical）。

所谓"无序型"，我喜欢把它称为"Winging it"。"Winging it"是英语中一句流行的俚语。也就是说，只有一个基本的纲要，没有周详的计划。一边做，一边"Wing"（飞）；一边讲，一边在脑子里编下面的讲课内容……

"条理型"就给它一个不太学术的名字"robot"（机器人）吧。你当然懂得机器人每天都按一成不变的程序活动。如果你可以预计某位老师大致的教学轨迹：星期一复习，星期二有个小测验，其他时间只有家庭作业……那他准是个"条理型"的老师。

沃兹先生就是个"条理型"的老师。

他的条理性，让我在开学两个星期以后，就能对他的"套路"摸个七七八八：

1. 每天晚上，我们都将有家庭作业。而作业一定是他当天教的内容。

2. 第二天一早，我们做的头一件事就是交作业。这样没人能够因头天晚上偷懒，而把作业留到学校来做了。

3. 他总是在开始上课之前，就把刚收到的所有的家庭作业改完了。

4. 上课时的第一件事，一定是发回作业，然后让我们提问。有时，那些高三的同学对数学问题表现出来的迟钝，让我吃惊不已。但是沃兹先生总是很有耐心地解释每一个问题，每一次都要讲到所有的学生都明白为止。有趣的是，似乎无论他使用多少时间来解答疑问，他总是能安排出足够的时间来讲新课，以至于每次都能给我们留下新的家庭作业，让我们老是"忙忙碌碌"。

5. 每教完一课后，他肯定会给我们来一次他那"恶名远扬"（没有一个学生会喜欢的）的考试。而在考试时，他一定会实施他那一套用滥的了"时间进逼法"。考试一开始时，在黑板上写上"还有45分钟"；十分钟以后，他就会准时地把它改为"还剩35分钟"；然后是"30分钟"，"20分"，"15分"，"10分"，"5分"，"3分"，"0分"。这样分分钟紧逼，时间一到立即交卷。逼得那些高三生连滚带爬、屁滚尿流。

6. 依照他精确的"电脑编程"，考试完的第二天，他准能把试卷改出来。无论量大量小，always（总是）如此。在段考的时候，他可能会有超过150份卷子需要评改。但别担心，他准能在第二天一早完成。

沃兹先生的工作是编好程序的，就连他的大脑也似乎输入了电脑的程序。他有时简直就是一台精良的计算器，在讲课时碰到一些计算问题，比如四位数相乘，或是把小数转换成分数，这时他会凝神聚思进行心算：他总是把双手插在头发里，眼睛盯着地面……十秒钟后准能给出答案。

# 核武器专家

尽管如此，但请不要误以为沃兹先生不过是个只会按照教条的"程序"上课、没个性的"机器人"。其实，他更像个魔术高手，常常会在平淡和一成不变中甩出个"包袱"来，把学生的大脑皮层一下子又都激活起来。

有一天在数学课上，沃兹先生像往常一样开始了他的程序，发回作业，讲解难题……忽然，他停了下来，说道："我是不是告诉过你们这些家伙有关我的自由日一事？"

同学们你看看我，我望望你，谁也不知沃兹先生的葫芦里卖的什么药。

他接着解释道："每年 3 月份的某一个星期五，我都喜欢干一些平常我不干的事，或者我甚至什么事都不做，留点时间让你们这些家伙们干点儿你们想干的事。好吧，今天正好是星期五，又是 3 月份……"说着，沃兹先生一屁股坐到讲台上，摆出一副什么事都不准备干的架势。

哇，"Yay, that is cool..."天上突然掉下一个"自由日"。

同学们马上雀跃兴奋起来。

有人干脆跳上凳子手舞足蹈："嗨，让数学见鬼去吧！干点儿刺激的事。"

沃兹先生笑了笑向大家说道："这样吧，你们可以问我任何你们想知道的问题。当然，问数学也可以……"沃兹先生在说到"数学"二字时，音调怪怪的，一脸坏笑。

"No，no，no，让数学见鬼去吧！"同学们怪叫起来！

沃兹先生平静地："问吧，只要我不会因为回答这个问题而失掉我的工作。说话算数，所有的问题，只要我能回答的，我都会回答你们这帮家伙。"

同学们笑着，开始寻思着有趣的话题。

一个调皮的家伙高高地举起手，迫不及待地问："沃兹先生，你认为你是不是一个天才？"

沃兹先生幽默地回答："Hmm... 有多少个天才会来到这里教你们这帮家伙呢？"

哈哈，自己谦虚就行了呗，还顺手棒打一大片。

同学们大笑。

这时迈克举手了，他有问题要问。聪明的迈克是我们班上爱搞笑的角色。一有机会他就会向沃兹先生挑战，总是爱问些能"搞笑"的问题。他像往常一样，慢悠悠地问："你知道怎么做核武器吗？"

同学们又都笑起来，谁都知道迈克并不是正正经经地问问题。当然谁也没指望沃兹先生来回答这个玩笑。

谁知，沃兹先生竟很认真地想了几秒钟，说道："事实上，做核武器并不是很难的事。"然后，拉开一番架势开始真给我们上起核武器设计课来。他从什么是制作核武器的难点讲开："做核武器

沃兹先生就像个核弹专家似的，开始介绍起核弹设计来。

并不像你们想象的那么难。最难的部分不是导弹的制导系统。用GPS、激光和人造卫星来做导弹的制导系统已有多年了。当一个国家说'发展核武器'，他们的意思不是要发展导弹的制导系统，这不是他们所面临的问题。建造核弹最难的部分在于它的点火系统。"

沃兹先生就像个核弹专家似的，开始介绍起核弹设计来。他拿起粉笔，在黑板上把核弹的工作图及点火系统的示意图画了出来。

课堂里安静极了，从未有过的安静。

同学们睁大了眼睛你看看我，我望望你。这时好像还没有一个人醒过味来。

好几次，大家都在等着沃兹先生放下笔，然后大笑着对同学们说："哈哈，我在开玩笑呢。我哪会什么核弹设计呀！"

但沃兹先生丝毫没有开玩笑的意思，他继续兴致勃勃地演示："看，这是核弹的点火系统。关键是怎样在同一个时间把它们都点着，以造成巨大的空间压力。"

同学们再也忍不住了，一个人先笑出声，跟着全班人都笑了起来。

"哈哈哈，沃兹先生，你可真会开玩笑。"

谁会相信一个中学老师会设计核弹头？！

"嗨，沃兹先生，你一生中干的最蠢的事是什么？"有个同学想占点便宜，竟然提出这个最愚蠢的问题。

这回，沃兹先生想都不想就反唇相讥："那就是让你通过这次段考。"

这个回答真把全班人都笑倒在地下了。

从一个核物理学家到一个"喜剧演员",他的角色转变就像是有个"开关转换器"一样,在一开一关之间就变了。

# 威严的喜剧演员

除了他幽默的一面，在每一个学生的眼里，沃兹先生其实是一个很严厉、没有一句废话的数学老师。他甚至可能会因为你没有把衬衣的下摆按学校的规定塞进裤腰里而惩罚你。

有一次，在课堂上，一个高三的学生因为没搞清楚一个问题，一个很简单的问题，他就向沃兹先生发问。问题提得很愚蠢，简直就像问"2+2等于几"。

班上的几个同学失声笑了出来。

沃兹先生立即停止讲课，走向那几个发笑的学生，说："No. Not here！"（"不，在这里绝不能这样！"）

他没有大声地呵斥，沃兹先生很少把他的声音提高。实际上，他是降低了他的声调。那几个发出讥笑声的学生立刻僵在了那里。

沃兹先生转过身来，很平静地回答了那个在大家看来很愚蠢的问题。然后又继续上他的课，就好像一切都没有发生过似的。

这件事以后，我就再也没见过有任何人敢在课堂上取笑那些提问的人，尽管问题可能会问得非常愚蠢。

爱在课堂上取笑别人的那伙人，往往都是些"troublemakers"，是些专门爱惹是生非的家伙，平常也最招老师和同学讨厌。

对付这些"troublemakers"，沃兹先生只从他的嘴里冒出三个字，"No. Not here！"就足够了。

　　沃兹先生没有恐吓、威胁，他也没有让高三学生害怕的一身肌肉和健壮的手臂。但他那凛然的眼神和权威的声调，足以让迈克·泰森立即住口。

# 糖和蛋糕

不错，沃兹先生的数学课运转得有条不紊，很系统化。但问题是，他的课并不像有些老师的课那样枯燥无聊，让人厌烦！

正像我在前面所说的那样，这一切都取决于老师的运作。

从学期开始到结束，沃兹先生耍了一个个小小的技巧，让我们每个人都始终保持着对他的课的兴趣。其实，你很容易把沃兹先生的技巧同喂养婴儿相比。每天，你都要喂养你的孩子，你给他吃那些败坏胃口的婴儿配方食品，诸如牛奶和各种婴儿食品。尽管从营养学的角度看，这些食品可能会对孩子很有好处，但时间一长，孩子就会感到厌烦，讨厌吃这些东西。这时，你如果给他一点糖，或一块蛋糕，你的孩子就会愿意继续吃一点你那乏味的食品。显然，正是这一小块糖或蛋糕，让孩子还能感觉到："啊，生活并不是太乏味，生活还是有些乐趣的……"

沃兹先生的手法同喂养孩子的技巧一样。我们从他那里得到的"糖"是他为保持课堂兴趣而制造出来的那些课堂笑话、闹剧及其他的一些有趣的东西。

每一次大考之后，沃兹先生都会把考试的全部成绩写在黑板上。这是他为了让课堂的空气总是保持活跃快乐而略施的技巧。

"这又有什么值得乐的？"你可能会发问。

请看吧，他会在黑板上写下这样一行数字：1|4|2|5|3|8。这就是这次考试的全部信息。第一个数字表明有几个人得了100分，第二个数字是有几个人得了90分，第三个数字是80分的人数，如此类推。你只能知道有几个人得100分，几个人得90分，或几个人得40分。重要的是，你不知道谁得了什么成绩！

这就吊胃口啦，无穷乐趣也就在这里了！

沃兹先生只让这行数字在黑板上"逗留"两分钟。这两分钟里，同学们开始东猜西猜谁得了多少分。有时，同学间还会用一两美元来打个赌什么的。他们会赌自己是不是最低的那个，常常也会赌赌看我是不是又是最高的那个。

有几次，有同学同我赌，如果我的成绩比他高20分，我就赢；要不我就得给他1美元。

当然，我从未输过。

有一次，在那个被沃兹先生宣称为全年最难的考试结束后，沃兹先生在黑板上写下了这样一行数字：1|0|7|3|6|4|0|0|3。这些数字表明在这次考试中，有一个人得了100，有三个人只得了20分。

看着这行数字，那些高三的学生开始开起自己的玩笑来："我猜想，我可能是那3个20分中的一个。"

这种自我解嘲引来了很多笑声。当他们发现他们又一次赌中我得了100分时，就开始开起我的玩笑来。

一个家伙说："用我的成绩加上卡普尔斯的成绩，差不多等于你的成绩的一半。"

沃兹先生也时不时加入开玩笑的行列，打趣某位同学："我敢打赌，一个猴子得的分都会比你高。"还说："你的分数还比不上我们班上的人数。"很不幸，我的数学班才二十来人。

善意的玩笑让全班人都很开心。就连那些只得了 20 分的家伙也不例外。

不过，我常常在心里期望他们就此会更努力些。

# 愚蠢园地

沃兹先生给我们的另一块"糖"是他为我们开辟的"愚蠢园地"。

在课堂上，有时有些同学会信口开河，胡说八道一些完全不经过大脑思考的蠢话。有些愚蠢的话题说出来简直没人敢相信。

沃兹先生很会捕捉这些东西。他说，为了证明在历史上确实有人说过，为了将来有个证明材料作参考，我们有责任把它们记录下来。

于是，沃兹先生在黑板的一角，开辟了个"愚蠢园地"。还在上方写上"请不要涂抹！请保留！"的字样。

建立这个"愚蠢园地"的初衷同展示考试成绩是一样的。每次有新东西加进去，同学们都会兴奋一阵子。它的程序是这样的：在课堂上，如果有谁说了什么话让沃兹先生认为非常愚蠢，他就会把课停下来一会儿，然后开始与学生一起笑一阵，再认认真真地记录在"愚蠢园地"里。

当然，这种时候总是乐趣无穷的。在枯燥乏味的数学课里，加上这么一段插曲，会让你觉得数学课里也是趣味盎然的，并且总是会有些有趣的东西在前面等待着大家。

从外表上看，这种做法好像会伤了学生的感情，其实并非如此。因为那些"愚蠢园地"里的东西，要么是同学"恶作剧"故意搞笑的蠢话，要么是不经过大脑思考胡说八道的混账话（只要是经过思考的，就是再"蠢"，也会得到沃兹先生的尊重）。这种"愚蠢"的事也是学生自己认可的，有的同学甚至会以此为乐。

比如，如果我说："我在上次考试中得了 100 分。"那他们会很骄傲地说："那有什么，我还上了'愚蠢园地'呢！"

幽默，有时甚至幽自己一默，会让人感到很酷。

以下，是几段很有名的"愚蠢园地"的对话：

沃兹先生："布鲁诺，4 加一个正数等于几？"

布鲁诺："8？"

沃兹先生："费兹，听着，3 加 3 等于几？"

费兹："负 9？"

沃兹先生："维尔士，负 1 乘负 1 等于几？"

维尔士："负 2？"

沃兹先生："如果在考试的时候你忘了怎样做反对数怎么办？"

卡普列斯："画一个问号，然后继续做。"

正如你能看到的那样，一个"条理型"的老师，很需要像沃兹先生那样为学生提供一些有趣的小小的活动，让学生从平淡无聊的代数、三角几何中发现乐趣。更重要的是，这些活动并不仅仅是在教我们数学，它还教给我们一些数学里没有的东西。随时随地都可以发现生活和学习中的乐趣，这一发现定会让我们受益终身。

# 考场作弊案

"Pet peeve"指一种总是烦扰你，让你感到不安、厌烦的小东西，但这个小东西却能让你生几个小时的气，让你失掉理智。不知道中文应该怎么译才好，反正其基本的意思就是惹你讨厌的东西。

在这个世界上，我最讨厌三种东西：第一是种族主义；第二是不尊重人；第三就是当着我的面说谎。这些都是我绝对不能原谅的。

那么什么是沃兹先生厌恶的"小东西"呢？

考场上作弊是件令人恶心的事，这也是沃兹先生的"pet peeve"——最讨厌的事。

如果让烦恼的东西影响到自己的工作，那是不智的。作为一个老师既要学会控制自己的情绪，又要不放弃做人的原则，这实在是件不太容易的事。

那么，沃兹先生是怎样处理考场作弊案的呢？

记得在几次堂上考试后，沃兹先生发现我的前、后、左、右的邻座的考试成绩都不低，而且是以我为核心向四周"辐射"——离我越近的成绩越好，越远的越差。他怀疑是我的邻座们"无意"中借鉴了我的答案。

于是，他和我就有关考场作弊一事曾有过一次有意思的交谈。

沃兹先生告诉我，作弊之所以最让他不能容忍，是因为作弊使得他的教学没有存在的意义，是侮辱他的辛勤劳动。

沃兹先生给我讲了不少他"侦破"的堂上作弊案。听那些故事就好像是在看那部《傻瓜和大傻瓜》的电影。

镜头一：A学生考试时，故意把手中的铅笔"掉"到地上，因为是故意的，所以滚得很远。于是，他大大方方地站起来，慢慢地横穿教室去捡铅笔。在去的路上，左顾右盼……然后，缓慢地蹲下身去捡铅笔，当然眼睛是看着人家的试卷，在回座位的路上，又是左顾右盼。奇怪的是，如果考试是标准化的多项选择题时，"掉"铅笔的人特别多；如果考分析题，大家的铅笔都不"掉"了。

镜头二：在考试之前，把与考试有关的公式、法则、定义等等，密密麻麻地写在一张小纸条上。把小纸条携带进考场的方法是多种多样的，最流行的方法是把小纸条藏在手心里，考试时，一有问题就可以看看手心。也有的把公式写在鞋底边上，有问题就低头系鞋带。一次，有一个学生交卷时忘了左手心的秘密，用左手把试卷递给老师，让老师抓了个正着。

镜头三：两个好朋友决定为了节省复习的工夫，一人记一半内容。在考试时你做上半部，我做下半部。为了使对方得到答案，他们竟发明了一套完整的密码系统：坐在右边的一位，需要知道第五题的答案时，他就用铅笔在桌子上轻轻敲五下，坐在左边的一位回敲两次——表示答案是 B。更有趣的是，他们竟然还为小数点、分数、方程式等等都配有特殊的密码。为了避免敲桌子的声音来得太频繁，他们还不时交换使用脚点地的方法……

这样的镜头还有不少。

这是整个学年的最后一天。完成了今天的数学考试，暑假就要开始了。同学们都很兴奋，但看得出来又都很紧张，因为这是今年最大的一次考试。

我坐在自己的座位上，看见同学们有的正在做考试前五分钟的复习，有的正在闭目养神，有的正在小声祈祷。

沃兹先生开始发试卷，他先讲了些考试的注意事项，然后用很严厉的口气说道："不要作弊！如果我发现你作弊，我会撕了你的考卷，再给你个 0 分。如果到现在你还没有认识到作弊不好，我实在是为你感到内疚。"

考试一开始，沃兹先生的眼睛就像雷达似的有规律地在教室里扫描，任何作弊动作都别想逃过他的搜索范围。

做完全部试题，我一看表，还有 15 分钟。

我开始注意观察周围的动静，看看沃兹先生，他直勾勾地盯着一个家伙……

嗨，有情况！我的直觉告诉我，气氛有点儿异常。

这个同学几乎每次考试都是很仓促地在最后一分钟交卷，而他的卷面总是留有大量的空白题没做。

沃兹先生的眼睛一直没有离开过他。

这回他表现得更惨，他把试卷翻来翻去，又涂又改的，老是在计算器上算不清楚，一直折腾到交卷。

总算考试结束了，我为这位高三的同学深深地舒了口气。

沃兹先生按照惯例给我们做了年终讲话。无非不是些"Good Luck"、"Good Job"之类的话。

讲完话，他走出教室，又回过头来把那个他盯了一个小时的家伙叫了出去，还顺手关上了教室的门。

几秒钟后，走廊里传来沃兹先生愤怒的大叫声。那个家伙考场作弊，沃兹先生咆哮着，把他的试卷撕得粉碎，当场把他的全年成绩、学期成绩都算成 0 分。

这是我第一次也是唯一一次看见沃兹先生发这么大的火。

你猜这个自作聪明的高三家伙搞了什么名堂？他把一张写满公式、答案的小纸条夹在计算器的外壳里，当他假装计算时，正是在偷偷作弊。

沃兹先生的雷达扫描没放过他。

明年沃兹先生给新的学生讲故事时，在他所列的作弊方法里一定又多了一种。

# 数学乐园

在美国的学校里，要想表现得"cool"——酷，同你在学校的学习往往没有关系。那些最聪明的、学习最努力的、成绩最好的学生，常常不会被人认为"酷"。反而是那些懒懒散散、不好好学习的人可能会被人认为"酷"。如果你想让人认为你很"酷"，最好是参加各种运动队。参加某个学术俱乐部应该算是最后一个可行的办法。

我可以成为美国校园文化现存的"社会法则"中的一个例外。因为我既能让自己很"酷"，又能做个学习很好的学生。

一天，沃兹先生找到我，问我是否愿意参加学校的数学俱乐部的数学竞赛代表队。我毫不犹豫地一口答应下来。

其实，当时我对什么是数学竞赛代表队，他们都干些什么全然不知。我只是想，参加学校的数学竞赛代表队能给我申请大学的履历表上添一个亮点。

到队里一看，果然全校最聪明的孩子差不多都集中在这里了，而我是队里唯一的高一新生。

沃兹先生是我们数学俱乐部的头儿。在那段比赛的日子里，每隔一天，放学以后，我们的竞赛队就要参加一次全州范围内的标准数学考试。数学队的队员都要参加，学校的其他同学也可以自由参加。尽管老师没有叫到我的好朋友麦德，但他每次都自己来参加。考完后，每个学校取前三名的成绩来与全国其他队比上下。

说起来，参加俱乐部的那段日子，曾是我在这一年里最愉快的时光。

每天放学以后，我和麦德两个高一的新生就同其他高二、高三的同学一起等候考试。考试之前，我们俩总是装出一副"其实我们的数学也不怎么样"的样子，让其他的同学以为我们很笨。这样做，一是可以在其他人面前显得我们很"酷"，并不是个书虫；二是如果我们的分数高于他们，可以好好地嘲笑一下那些高年级的大家伙。

第一天我们来到数学俱乐部，我和麦德就开始演戏。

我一坐下来就对沃兹先生说："OK，沃兹先生，5分钟后我要去受罚（一种放学后留校一小时的处罚）。"

麦德装得傻乎乎地说："至少，你的成绩还比我高些吧。"

我又傻问："你连名字都拼写对了，你也没得一点儿分吗？"

看着我们演的滑稽戏，沃兹先生笑得前仰后合。

我继续说："麦德，你知不知道，这个考试有一道题是必须自己做，不准大家互相帮助的？"

麦德假装很着急的样子，马上开始背公式，然后又问我："Well... 负乘负得正，对不对？"

我摇摇头说："No，no，no，负加负应该等于正。连这个都不懂，你还来参加什么数学竞赛？"

……

滑稽戏一结束，就要见真功夫了。

这种考试吓唬人的地方不是它的题量，充其量不过八道题。30分钟内完成八题，听起来不难。其实，难就难在某些题的深度。八道题根据难度可以大致分成三个层次：容易、中等、复杂。

一开始的几道题是一分题，算是"容易"的。大多数高年级的队友都可以完成这一部分。在第二部分里，如果他们可以答对一两题，就意味着他们"得分"了。由于麦德和我是高一的，我们如果"得分"比高年级的队友多，那真正是"show up"——"露脸"啦！

我们两人总是能胜过其他人。

但是，有句老话说"山外有山，天外有天"。在默乐高中，在我和麦德面前的那座山，就是阿毕哈及·麦哈塔。

阿毕哈及·麦哈塔是个美籍印度裔男孩，在默乐读高三，阿毕哈及的数学学得很超前，他已经读完了大学的微积分。据说他爸爸是个核物理学家，曾来过我们数学俱乐部给我们讲模数数学。阿毕哈及是个典型的"书虫"，厚眼镜，没有体育细胞，骨瘦如柴，但他的学习很好。我并不想取笑他，但如果要我和他交换生活方式，对不起，我可不干。

其实，如果我父亲也这样逼着我学习，可能我也会很超前的。但若只能像他一样生活，不值！

可怜的阿毕哈及没有什么朋友，每个人都拿他来开玩笑。他缺少体育方面的才能，数学成了他唯一的强项。数学俱乐部是他的最安全的天堂，他是数学俱乐部里的小小的"国王"。当然，在这种考试里，他是唯一的一个能进入第三个层次，并能回答几乎全部问题的人。

我暗暗地在心里把阿毕哈及当成我"追击"的目标。

表面上，在整个考试当中，我和麦德两人从始至终都在说着轻松的笑话，一副无所谓的样子。实际上，我的内心已定下了打败阿毕哈及的目标。

终于有一次我成功了！

我的水平实际上才达到中间的层次，而第三层难度的试题，往往都需要运用一些高中生还没学过的知识。问题也就正好在这里，我只有在最难的这部分下工夫，才有可能超过他。

有一次，拿到题目后，我先把八道题快速地扫描了一遍，看一看哪道题会做，哪道题不会。前几次最难的考题，像看"天书"一样干瞪眼，想做都没门儿。这回我发现这是一道三角几何题，我"感觉"我应该做得出来。我迅速地完成了四道一看就懂的题。然后跃过其他的题，直插最难的那道。

不知道你们看过一部叫"Rocky II"的电影没有？影星史泰龙在电影里扮演 Rocky，一个轻量级的拳击手。他在一次激烈的比赛中被对手打败。后来，Rocky 又有机会与对手交锋，这次他终于把对手打倒。整个电影想表明的一个观点就是："努力，努力，再努力"比技术和知识更重要。这个电影有一句名言："It's the boxer versus the puncher here tonight..."恐怕翻译成"职业拳击手对'拼命三郎'的比赛"也还不怎么恰当。

总之，我当时就是这个感觉。我知道阿毕哈及一定学过更好的解题方法，在这道题的背后也一定隐藏着更便捷的思路。但我不懂，我没学过。我的处境"恶劣"——只有从几何学里记下来的几个理论、30分钟时间和一个逻辑思维清晰的大脑，但我这个"拼命三郎"决定博一搏……

30分钟过后，我终于攻下了这道难题。可能我的解法在高手眼里很笨拙，但我的答案是对的。我得了8分，全队的最高分！

阿毕哈及只得了6分。

哈哈，我这个"拼命三郎"赢了！

沃兹先生也自称没做出这道题。

我翻开我的试卷的后背，上面写满了密密麻麻的证明过程……

阿毕哈及一脸沮丧，他没能做出这道题。他像个小孩子失掉心爱的玩具似的，开始向沃兹先生抱怨、诉苦。

沃兹先生兴奋地说："矿解开了这道题！"

阿毕哈及捧着我的试卷左看右看，麦德在旁边指手画脚，胡乱解释，看上去比我还兴奋。

阿毕哈及怏怏地说："这道题有问题，我要给考试委员会写信抗议。"

麦德和我一路笑哈哈地离去。

# 快乐的数学竞赛

校际间的数学竞赛延续了很多个星期,最后一场总决赛是在辛辛那提大学举行的。所有俄亥俄州西南部的高中都派了代表队来参加这场决赛。

这次比赛的规则有所不同。以往都是考个人,等成绩出来了,再从中选三个最高分代表学校的成绩。这次决赛则把一支队伍看成一个整体,全队人可以在一起商量着做题,得出答案,再算总分。整个考试是3个小时,分成上午和下午两个部分。

根据考试的另一个要求,我们的数学竞赛队被分成两个队,即一队和二队。当然,沃兹先生是我们的领队,他也是唯一到场的老师。

全体高四的队员和阿毕哈及组成了一队;二队有一个高三生,两个高二生,外加两个高一生(我和麦德)。阿毕哈及是一队的队长。我们的队长叫塔纳,是个高三生。塔纳是个很聪明的家伙,但没能分在一队,他有点儿失望。我很理解他,比起一些分在一队的高四生来,塔纳更聪明些。

不过,沃兹先生就是要启用他的管理才能来管我们的。

第一阶段的考试对我们来说,真是快乐的时光。谁也没有"争取最高分"的压力,麦德、我,还有那两个高二的家伙,一起嘻嘻哈哈地做题，又轻松、又愉快。只是苦了可怜的塔纳。他是队长，又是高三的老生，怎么可能同我们这帮"小子"同闹。再加上他那种闷不做声的个性，就更显得他孤独了。

我并不是说，我们只是在那里打打闹闹、不干正事。我们都有自己的活要干，只不过我们没有那种大难临头的模样。大家边干边打趣，既有分工，又有合作。愉快的笑声一直伴着我们。

说实话，与其坐在教室里一课接着一课地上那种无聊的课，不如到大学的校园参加这种考试。

大家很快都完成了自己的部分。但最后一道题难住了所有的人。这是一道让人望而生畏的代数题，里面夹杂着对数、分数、根号。

第一步，我们必须简化它。然后我们五人开始确定应该怎样解它。在运用了一大堆法则、规律、理论后，终于发现了它的奥秘。但是，就在我们开始把解题过程写下来时，考试马上要结束了，倒计时已经开始。

我们选了个写字最快的"秘书"负责写答案，其余的四人一起对着他喊："快！快！快写呀……"

倒计时的时间一秒一秒地消失，巨大的压力让"秘书"紧张万分，他不停地写错，又写错……

时间到了，"秘书"还是没能写完这道题。我和麦德望着桌上的一堆草稿，你望望我，我望望你，忽然一个主意同时跳进我俩的脑子。我迅速地抓起所有的草稿纸，麦德变戏法似的拿出一卷透明胶带："快！把草稿纸同试卷粘在一起！"

我很快地就把那些写有演算过程的草稿连同答卷粘在一起，上交了厚厚一沓材料。我想，反正答案我们已经得出来了，证明过程也有了，草稿纸就是证明，改卷的人若愿意承认我们的努力，说不定会给我们算分。

上午阶段的考试结束了。大家很累，又都很高兴。我和麦德互相开着玩笑，在辛辛那提大学的校园里不时追追打打，到处驻足参观，也顺带去找一队的同学和沃兹先生。

一队的人马迎面而来，我的第一感觉是在他们中间充满了火药味。两个高四的家伙大声地同阿毕哈及争论着什么。沃兹先生在一旁直摇头。看来，这个队的整体合作有问题。他们一定不像我们那样合作愉快、亲密无间。

午饭是在校园附近的一个希腊餐馆吃的，他们那里的羊肉卷饼很有名气。同一伙朋友一起逛大学的校园、一起在饭店吃饭，这种感觉真好。

我们连比带画，向沃兹先生讲起考场的趣事，并且很得意地说起我们交草稿的经过。

沃兹先生边听边摇头，大笑着指着我和麦德说："我就知道，把你们两个放在一个队是个错误。"

我想，他其实是挺欣赏我们这点小聪明的。

我没有带兵打仗的经历。但我想，决定胜负的最重要的因素是你的战士的士气。我们的士气旺得很，大家开着小玩笑，彼此间很融洽自然。而我们的一队，则有些问题。他们互相间怨气多多，争吵没完。我知道，那些高四的家伙看不起他们的队长阿毕哈及———一个低年级的同学。

下午阶段的比赛题要比第一阶段的难些，时间也是紧巴巴的。但我们按时做完了所有的题目。

考完后，我们又在那家希腊饭店里同一队的人会合。看上去，一队的人似乎是刚刚用"希腊文"完成了SAT考试。当然，我们二队也不落后，每个人又都来了个希腊羊肉卷饼，狼吞虎咽地吃起第二顿午餐来。大家都在等待公布总评的成绩。

这种考试的一个长处是，当场考试，当场判分。沃兹先生为我们解释了评分的系统。评分一共分四个层次：全部成绩的平均分大约是40~50分；如果得了50~60分，即为高于平均水平；60~70分，属于优秀水平；高于70分就是超级优秀水平。我想80分应该是这个考试的满分。

所有代表队都坐在大厅里等候考试委员会发布成绩。大家说说笑笑，说实在的，我没有期望我们二队能得到很高的分。第一部分考试中，那该死的最后一题没完全做完。第二部分似乎还可以，但我们做得好，人家也一定会不错。

开始宣布成绩了！

前面公布的学校大多是在高于平均水平的层次上，也有几个得了优秀级的成绩。但没有一个达到超级优秀的水平。

轮到默乐高中了，那个宣布成绩的老师大声说："默乐第一代表队，成绩是68分，达到优秀水平。"

我向阿毕哈及望去，他满脸的不高兴，看得出他对他们的成绩很不满意。那个老师继续大声地说："默乐高中第二代表队得了一个很好的成绩，73 分，超级优秀水平！"

哇！全队的同学都跳了起来，大家惊喜万分。我们队是这次考试中取得超级优秀等级的两个队之一。

我走向讲台，拿回我们的试卷。我只想快点知道，我们错在那里，也想看一看到底那个附上草稿的题是不是得了分。

你猜一猜怎么样？

那道题竟然得回了全部的分数。评卷的老师很公平！因为我们确实做出了那道题。

## 故事大王
## ——生物课老师伯奥曼先生

# 恐怖的流言

在默乐高中开学前的一个星期，空气中已经弥漫着来自高年级同学的挑战性的喧嚣："我比你厉害，你最好放明白些！"我实在不明白这是为什么。我的朋友告诫我，在这个校园里历来如此。

高年级同学之所以这样做，当然第一件事就是要吓唬新生，来个下马威，让你们这些愚蠢的"freshmen"新生知道谁是这里的"boss"——谁主宰这里。那些个子大的，往那里一站，六英尺高，超过 300 磅重。光是这么个块头，就足以把你们新生吓唬住了。那些没有身体优势的高年级学生则对我们新生进行心理和精神恐吓。

从高年级同学那里，我听到最多的就是对我们准备要上的各门课的恐怖描述，以及国家和学校将提高学习评价标准云云。当然，他们已经是勇敢的过来人和幸存者，而新生则是可怜的将被老师们任意宰割的小羊羔。

听起来，最恐怖的要算生物课了。每一个新生在第一个学年里必须修这门课。生物课是一天中时间最长的课，比起其他的课程要多 15 分钟。然而，流言飞语更让人心惊肉跳：如果生物课老师仅仅给你留两个小时的家庭作业，就算你幸运了！不守章法的老师会随随便便地惩罚你，那只是为了取乐，为了让你知道应该"怎样成为一个男人"。

我可不是那么轻易就会被人唬住的。我从来就没有担心过我的学习。无论是什么样的课，有什么样的要求，我总是能走出自己的路。但这回我确实是有一点点担心，我担心的是这个老师——伯奥曼先生。

看起来，伯奥曼先生是那种被全校人都议论的"joke"——丑角式的人物。他已经在默乐工作 30 年了。当然，他也教了 30 年的生物学。学生们看上去都不很尊敬他。大家都认为他老了，有些倚老卖老。而且，他对谁的那一套都不吃。只要他认为是"不可原谅"的，对不起，你就得吃一张蓝条子。

我当然知道，高年级同学就是想让我们感觉不舒服，想让我们感到害怕。我并不完全相信他们所说的一切。然而，这就好像你明明知道这是一个谎话，但人们说得多了，总有那么一个小小的部分会进入你的大脑，使得你胡思乱想。就这样，当学校开学时，在我的大脑中已形成了一个无意识的概念……

哦，对了，在我继续我的故事之前，让我解释一下什么是蓝条子。

在美国的学校里，总是有各种各样的惩罚，以便能使学生保持在正常的轨道里运行。在默乐高中，条例很简单。你做错了事，你就得受罚，一般是第二天放学后留校一小时。如果你做了很坏的事，那你就要挨蓝条子了。大家把这种惩罚叫做"蓝条子"，那是因为你会收到一张天蓝色的小纸条。实际上，这就意味着在你的学校档案中永久地记上了你的麻烦。如果你得的蓝条子多了，那么你将会被踢出学校。

# 生物故事课

在英语中"Wacko"是什么意思呢？如果你没在美国生活过，查一查字典，你会发现"Wacko"是一个美式俚语，指那些不正常的人，或者说"怪人"。那么，怪人同我的这本专门讲学校和老师的书又会有什么关系呢？

其实，每个人都有自己不同的个性，据此，老师也必然会有自己的个性。老师的个性不仅会影响你的整个学年的学习，而且也会深深嵌入你的第一印象。

我扯得似乎太远了些。我们还是回到"怪人"的话题上。怪人就是指那些在行为上、思维上不同于普通人的人。在我的学生生涯中，我曾遇到过不少"怪人"，但没有一个像去年我在默乐高中所遇到的那个人那样，对我产生强烈影响。

这个怪人，就是我的生物课老师伯奥曼先生。

实际的生物课与高年级同学所形容的简直有天壤之别。当然，同我的预想也相去甚远。那2至4小时的家庭作业，更是我所相信过的所有谎言中最大、最荒谬的一个。那么，伯奥曼先生到底怎么样呢？他是一个再慈祥不过的老头子，再加上一些执著和天真，完全没有任何让人害怕的地方。但有一点却是千真万确的，那就是伯奥曼先生算得上是个"怪"老师。

如果去问一问我们新生班的同学对伯奥曼先生有什么印象，你将发现所有的人一定会提到伯奥曼先生是讲故事的奇才。而且，每一个人都会记住他讲过的一些故事。不错，很多老师都爱在课堂上讲些故事，老师可能会停止授课几分钟，讲个有趣的，常常又是很滑稽的小故事。当然，故事往往与所上的课多少有些联系。如果故事离题太远，老师也会主动把话题扯回来。可是，伯奥曼先生的故事却是无时无刻地贯穿整个课程的。他的课就是故事课，从课堂讨论到他的故事，再到提问，又回到一个新故事。伯奥曼先生可以让你听一整天的故事。

我记得有那么一天，因为头天晚上我只睡了四个半小时，早上缓慢的课程把我搞得筋疲力尽。到午饭时，眼皮已经越来越重，都快睁不开了。到了下午55分钟的生物课时，课堂上讲的细菌和微生物都变成了瞌睡虫爬进我的脑子。老师关于细菌和微生物是怎样影响进化系统的阐述，比安眠药更具镇定作用。坐在第一排的我，开始把头放在桌面上，当时我还没睡着，因为我还没有决定是不是应该合上眼睛。几分钟后，我终于原谅了自己，那就闭上眼睛几秒钟吧，总之是"闭目养神"，不睡过去就是了……

忽然，我被一阵爆发的笑声惊醒。糟糕！我还是睡着了。

这笑声不是那种老师说了个笑话而引起的有礼貌、有节制的笑，而是肆无忌惮、无法节制的狂笑，是那种搞得人们肚子痛、满脸通红又喘不过气来的大笑。我赶紧擦掉睡着时流下的口水，向四周看看，搞搞清楚我是不是引起大笑的原因，看看是不是有人发现坐在前排的我刚刚睡了一个"猫觉"。

看起来竟没人注意到可怜的矿岩的小小午睡。所有的人都眼睁睁地盯着老伯奥曼先生——他站在讲台上笑眯眯的，就像个三年级的学生。

# 同袋鼠切磋武功

　　我不知道刚才我这个"猫觉"到底睡了多久，课堂上似乎已经发生了许多事情。其实我早就发现了，在伯奥曼先生的课上，如果你打瞌睡的话，你将错失很多有趣的信息。这个老头子从来就没"捉到"我的偷睡。不过，我宁愿相信他一定是看到我在睡觉的，因为我就坐在他的鼻子底下。话又说回来，可能他根本就不在乎你偷睡觉。你在梦乡里游荡，是你自己失掉了欣赏有趣的故事的机会。

　　同桌告诉我，刚才伯奥曼先生正滔滔不绝地讲着细菌和微生物时，一个机灵的同学的一个有趣的问题，忽然激发了伯奥曼先生的故事灵感，他随手就抛出了一个精彩的故事……

　　我没听到这个故事。不过，别遗憾，老伯奥曼这会儿从细菌和细胞功能又转到了他到澳大利亚旅游时被袋鼠击倒在地的故事。

　　"……我们来到动物中心，导游领着我们来看袋鼠的打架表演。你们谁看过袋鼠打架？知道袋鼠怎么打架吗？这些家伙生来牙不利，咬不了人，但它们会拳击，会出拳。那些表演的袋鼠都练过拳击。导游想找个人去同袋鼠比画比画拳脚。好吧，当时我

　　"……谁知，这个该死的家伙看了看我，突然'嘭'地猛一记右勾拳。就这么一下，我当时就什么事都不知道了……"

想既然我今天还没有充分表现我的谦恭，那么就让我来试一试吧。我走进场子，说：'你这个蠢东西，看我来踢你的屁股！'我像伟大的拳击手阿里那样摆开架势……忽然我发现自己很傻，这二十多个游人直勾勾地瞪着我，那还不是巴望着袋鼠来踢我的屁股？该出手时就出手，何不来个主动出击，先发制'鼠'？！我瞪大眼睛盯着那个大家伙的眼睛，想给它一个心理上的下马威。谁知，这个该死的家伙看了看我，突然'嘭'地猛一记右勾拳。就这么一下，我当时就什么事都不知道了。那个该死的导游竟然不相信我连还手的机会都没有，就被袋鼠先发制人地击倒了。我妻子后来说，他们叫来了救护车，我被送进了医院。医生走进急诊室，问道：'这究竟是怎么回事呀？'我看着他的眼睛，带着莫名其妙的神色说：'我的屁股被那该死的袋鼠踢了一脚……'"

从同袋鼠打架的故事，老伯奥曼又转到了他当摔跤队员的故事，说道："这个故事要比袋鼠打架更精彩……"故事一直持续到最后的两分钟，于是，应该布置的家庭作业也只好因为"技术障碍"而推迟了。

# 长毛的袋鼠喉管

生物课的最后一天，大家都很快地完成了考试。离下课还有15分钟，有的同学盼望着快些下课，但大多数同学却还想听老伯奥曼讲故事。这应该是老伯奥曼的最后一个故事了。伯奥曼先生在他那神奇的魔术帽子里又掏出了一个故事，一个曾经发生在他的生物课里的真实故事。

老伯奥曼靠在讲台上慢条斯理地说道："这个学年我们没有机会学解剖，告诉你们，解剖课有趣极了。你们只要坐在那里把一个东西胡乱地分解开，等到老师叫停时，你就得个 A。我在这里教了 30 年解剖课，有个关于袋鼠喉管的故事很有趣哇！"

老伯奥曼三言两语立即就把大家听故事的兴趣都调动起来了。同学们都闹嚷嚷道："快，请给我们讲一讲这个故事。"

像以往一样，伯奥曼的故事总是从同一句话开始，"在你们出生以前，当你们的父母坐在这个教室时……"

30 年前，也就是伯奥曼先生当老师的第一年，他给学生上解剖课。学生们都爱上解剖课，因为用老伯奥曼的话来说，有谁会错过这样的机会去把一个生物切开，研究其内部结构呢？当然是机会难得了。那年，他们是解剖小乳猪，目的是要让学生弄清楚哺乳动物的内部结构，但是被用作解剖标本的小乳猪的喉咙部分不完整，很多学生都没有搞清楚这个部分的结构。于是，老伯奥曼决定专门补一补这一课。但是乳猪的喉管不容易找，经过了解，他发现可以向一些专门经营教学设备的公司订购袋鼠喉管。老伯奥曼很高兴，马上向这个公司订了一批袋鼠喉管。当时，老伯奥曼也正在准备哺乳动物的生殖系统的课程，他同时也订购了狗的生殖器官。

不几天，接到了公司寄来的包裹。上课前学生们都很高兴，不用做作业，还可以在上课时玩袋鼠的喉管，哪能不高兴呢！

老伯奥曼自嘲地说："像每个聪明人一样，我想起了我在澳大利亚旅游时，当地人曾向我们演示过如何用袋鼠喉管吹奏出美妙的音乐来。于是，我就教孩子们怎么吹袋鼠喉管。"

老伯奥曼先演示，他使劲吹那个喉管，怎么吹都没有声音。然后，同学们都也试着吹，但没有一个人能吹出声来。

忽然，一个孩子叫道："伯奥曼先生，为什么我的袋鼠喉管会有毛长在上面呢？"

老伯奥曼有点儿火了，他怎么也想不通为什么这个喉管到了美国就吹不响了。他对那个孩子叫道："使劲吹！"

全班人一起研究了 10 分钟，也使劲地吹了 10 分钟。

一声惊叫从教室后面传来，一个孩子恐怖地惨叫："哎呀！我的上帝！"

老伯奥曼看见那个孩子把手中的袋鼠喉管丢在地上，像甩掉什么脏东西似的，大叫道："狗的生殖器！"他指着装器官的盒子，上面印着的字样是——"狗生殖器"。

全班马上大乱，大家立即丢掉手里的"袋鼠喉管"，冲进洗手间大吐特吐。

原来，那个公司寄来的都是狗生殖器，袋鼠喉管还没到货呢。

作为一个笑话，也作为一个教训，这个故事据说老伯奥曼是年年讲。生物老师自己都没有首先认出到底是生物的哪个器官！对自己的失误，老伯奥曼的坦率比故事本身更生动、更有意思。

# 电影考试

每个学年结束，每门课都会有个大考。当然，老师在整个学年中都会不断地警告你、提醒你："亲爱的家伙们，你们还有个考试呢！""这个考试会很难，很难！"……

告诉你，每个老师都是这样，伯奥曼先生也不例外。但伯奥曼先生的考试与其他老师、其他课又不太一样。

学期开始时，伯奥曼先生也像其他老师那样，给我们指定一个学年考试的大方向，好让我们有所准备。他在第一节课里，就留给我们一句莫名其妙的预告："在这一年里，我的目标就是要教会你们一些东西。你们一定想知道是什么东西，实话告诉你们，我打算教会你们如何看电影。"

看电影？

在学校，我们也常常在上课时看电影，但那一般都同我们学习的内容有关联。目的是帮助我们加强对课程的理解。

这回可好，伯奥曼先生教的是生物课。生物课能有什么电影好看的呢？更何况，他还声称要教会我们怎样去看电影。我们又不是学文学，写剧本，为什么要去学怎样看电影？班上没有一个人明白他的意思。

是不是？怪人就是怪人。

当然，伯奥曼先生要在课堂上给我们放电影，就应该找到一个合适的理由。任何一个胜任的校长都会知道，允许老师放与课堂学习无关的电影不是什么好事。然而，这个问题不用我们担心，伯奥曼先生总是可以为我们找到放电影的适当理由。

在我们开始学习灵长目动物进化课程的第一个星期里，在课堂上我们看了两场电影：一场是关于 Big Foot（大脚）和 Yeti（雪人）的冗长的推理纪录片。另一场，则是个真正的电影片"Gorillas in the Mist"（《薄雾中的大猩猩》）。不管怎么说，这两场电影还是同我们正在学习的内容有联系的。尽管我认为那个有关 Big Foot 和 Yeti 的片子并没有多大的教学意义。

看这两场电影，还实在是小意思。再往下我们又看了"Jurassic Park"（《侏罗纪公园》）。我想大多数人都一定看过这个关于恐龙的电影。说实话，这确实是个不错的片子。这个投入了大量资金的科学幻想电影，是一部血淋淋的、充满悬念的电影。这部改编自大名鼎鼎的 Michael Crichton 的同名原著的电影，在伯奥曼先生的生物课的基因和 DNA 的教学中扮演了一个重要的角色，这大概是电影制片商没想到的。

"Jurassic Park"到底与学习基因有多少关系？恐龙被克隆，然后就是一帮恐龙追人，吃人。总之，这个故事是因为基因克隆而引起的，也算没有离题吧。

我们在伯奥曼先生课堂上看的最后一场，也是最出格的一场电影，是一个名字叫做《震动》的并不怎么出名的电影。

说起来还真巧，这部片子据说是我爸爸到美国后看的第一部电影。有趣的是，这也是我来美国后真正看懂的第一部电影。

在这部片子中，除了那个 Kevin Bacon，没有什么有名的演员，也没有什么很大的影响。主题和情节都很一般。

第一次，是爸爸把它录下来后同我一起看的，看得我从头到尾不停地惊叫。这就让我深深地记住了它。电影刚看出些名堂，但又很害怕。于是，欲罢不能，就看了又看。从那以后，我至少看过两百遍。我可以把全部的对话都背下来，闭着眼睛我也可以跟着电影的情节对话。每次看见电视上重放，尽管什么细节我都记住了，我还是会又跟着看一遍。

就这么奇怪，我就是喜欢看这部电影。我想，即使将来我老了，在我的心里，都会给《震动》一个小小的保留地，因为这是我看懂的第一部英语片。

说起来也很有趣，伯奥曼先生也是这部片子的影迷。他甚至很坦白地承认《震动》是他最喜欢的电影之一。也许就是因为他太喜欢这部电影了，他在上课时给我们放了一次。不但如此，学期结束的考试，也竟然考的是这部电影。按伯奥曼先生的计划，关于这部电影的考分，将算做学年考试的附加分。

开始我认为，这个片子既与基因沾不上边，又同进化无联系，甚至和生物学也关系不大。电影里有个搞地震研究的准科学家（正在写论文的研究生），还出现过几个地震仪的镜头，只能算是部科学幻想片。

故事很离奇，它发生在一个只有 14 个人的小镇上。这个小镇名叫普尔非科逊，坐落在内华达州的沙漠中。片里的两个主角，瓦林提纳和埃瑞尔开着车到镇上找工作，但镇上的人很奇怪地一个个死去。后来，他们发现原来在地下住着几个巨大的酷似蚯蚓的怪兽。我第一次看时，叫它们做"地龙"。地龙看不见东西，但听力却特别灵敏，而且可以在地下的泥土里行"爬"如飞。地龙的智商很高，很快就学会如何与人斗智……

整个故事，讲的就是小镇上的几个人在断了外援后，怎样与怪兽斗智斗勇的扣人心弦的详细经过。

后来，我想，为什么伯奥曼先生让我们看这部影片呢？这几个"地龙"的来龙去脉，影片没有交代。既然是科幻片，这不是给基因、进化等等生物学的领域留下了巨大的想象空间吗？老伯奥曼没这样说，是我自己想的。

好的，你现在明白是怎么回事了吗？那么，就看看下面的试题，看你能答出几道？

1. 电影中的小镇的名字叫什么？

2. 小镇在哪个州？有多少人口？

3. 埃瑞尔姓什么？

4. 瓦林提纳和埃瑞尔的公司叫什么名字？

只看过一次这个电影的人，很多问题绝对答不出。谁会去注意那些很不起眼的细节呢？比如，瓦林提纳和埃瑞尔公司的名字从来就没有人提到过，只是印在他们开的卡车的门上，整个镜头只出现了不到 30 秒钟。

上面列出来的题目还算是容易的了，整个考试共 90 道题，有的题出得绝对让你料想不到。比如，某个主角开的车是什么牌子？他们戴什么样的帽子？有几个人死了？有几只怪兽死了？它们都是怎么死的？

最让人大叫头痛的是，老伯奥曼竟然问道："在电影里，有两个角色共开了多少枪才杀死了一只怪兽？"

那两个开枪的角色是一对夫妻，收藏了很多枪支。一只怪兽闯进了他们的枪支收藏室，两口子用各种枪支（包括信号枪）轮番对着怪兽打了近十分钟的。天才知道他们到底打了多少枪！

别忙，我知道，正确答案是 92 枪。我怎么知道的？

老实说，实在是很幸运，我对这个电影的熟悉程度连我自己都吃惊。听说要考这个电影，我的牙都要笑掉了。这当然也是伯奥曼先生一个学年中最得意的事了。他不但能为我们放一次他最喜欢的电影，还能教一教我们"怎样看电影"。

全部考试共 90 道题。班上的平均分是 50~60 分。

伯奥曼先生的评分体系是用你所做对的题除以 10，就是你得的分。也就是说，90 分最后只得 9 分。然后作为附加分加进全年的总分里去。当然在全年的总分中，它只占很小很小的一部分。

猜一猜我得了多少分？89 分！据伯奥曼先生说，这个考试他已经搞了多年，我的 89 分是最高分，至今还没人能打破这个纪录。

当然啦，在这个世界上，可能除了老伯奥曼和我，再也找不出第三个人对《震动》如此一往情深的了！

# 人类进化的新理论

如果我没有把这个"Anunaki"的故事讲给你们听，我实在不应该结束这一章，也根本就没有反映出老伯奥曼"故事生物学"的本质。因为"Anunaki"的故事应该算是老伯奥曼故事集里最精彩、最有名的故事了。

显然，伯奥曼先生自己也是很欣赏这个故事的。他收着这个宝贝，一直等到我们上人类进化这一节时才掏了出来。老伯奥曼用了整整两天生物课的时间，才给我们讲完这个故事。

在我复述这个故事之前，我想先向大家提一提人类进化的两个理论。其实大家伙可能都很熟悉这两个理论，一个是上帝创造论，一个是达尔文的进化论。但是老伯奥曼的这个故事却另辟了一个理论。我并不是说，我或伯奥曼先生，或什么人现在就相信这个理论。但是，这个理论，或者说是个故事，却让我和我的同学们对人类的进化从此充满了好奇心，并且神奇的想象力不可抑制地无限延伸……

老伯奥曼是这样将我们的生物课引进故事境界的："在人类社会中，被人类赋予非常特殊价值，但实际上又没有什么意义的东西是什么？"

同学们你望我，我看你。

老伯奥曼继续说道："不论在哪个国家、哪个文化、哪个时代，能有什么东西比人的生命更有价值？不是爱，也不是权力。而是一种特殊的物质——金子。不论在古埃及、古中国，还是在现代的任何一个国家，金子从来都是财富的象征。但是，你们知不知道，在金属世界里，金子既不是最硬的，也不是最耐用的，或者最轻的，更不是最稀有的。金子的用处对人类来说远远比不上许多其他的金属。但是每一个人都有一个共识：需要金子！这已几乎成为人类的自然属性。这是为什么？古代的中国人、埃及人、住在南美洲的印第安人、住在非洲的各种民族，他们并没有现代的通信工具和条件进行信息交流，但他们做的却是同一件事，都有着一个共同的爱好——收集金子。为什么几千年前分散在各洲各地的人类，都患上"拜金症"呢？唯一的解释是，人类生来就知道金子的价值，是否人类的头脑里早被编进了崇尚金子的程序？这种与生俱来的欲望，这种对金子的没来由的爱，就是 Anunaki 理论的基础。"

老伯奥曼的这一串提问把我们的全部注意力都抓住了，大家几乎是屏住呼吸等着他往下讲。紧接着，老伯奥曼又慢慢抖开了这个人类进化史研究中的悬案。

所有研究人类及灵长目动物进化的人都知道，科学家到目前为止还不能完整的发现人类进化的全部历史痕迹。在现代人出现之前，科学家们发现了一种叫 Cro-Magnon 的动物，或者可以叫做

Cro-Magnon人。他们看上去同现代人已经很接近了，他们的颅骨结构、身体组织、种属以及他们的文化全都能证明，他们很可能就是人类的祖先。但是进化的链条却恰恰在这里中断了。从Cro-Magnon人到现代人之间有很长很长一段空白。科学家们从来就没有发现过任何的证据。很多人试图去发现什么，如有人认为有一种叫"Big Foot"或"Yeti"的动物存在，但谁也没有找到任何真凭实据……

不久前（注意，现在已经从生物进化进入到故事），科学家发现了一个很古老的城市遗址。这个古老的文化叫非奥尼西亚文化，它的存在甚至还在古埃及文化之前。这次考古的最重要发现，就是一块刻满非奥尼西亚文字的石板面。后来，语言专家终于破译了石板面上的古非奥尼西亚语：石板面上记载了一个令全人类目瞪口呆的故事。

故事说的是"Anunaki"（阿努拿科）人，那是一个来自外星的种族。阿努拿科人具有高度发达的科技，但他们的星球却正在走向死亡。就像如今地球人遇到的困难一样，大量的二氧化碳严重地破坏了大气层，全球的温室效应正威胁着Anunaki星球。聪明的阿努拿科人发明了修补大气层的方法。他们所使用的材料就是金子。科学事实证明熔化的金薄层能够修补大气层，就像补衣服裤子上的洞那样。然而，金子在Anunaki星球上却存量不多。为了整个星球的生存，他们派出了宇宙探险队，到别的星球去寻找金子。

根据非奥尼西亚的石板文字披露，阿努拿科人与地球人很相似。但他们的平均寿命却是4 000万年。他们的星球在太阳系的边缘，环绕着另一个恒星运转，每 60 万年，他们的星球就绕恒星一周。也就是说，一个阿努拿科年相当于 60 万个地球年。每 60 万年，阿努拿科星球就会有一次同地球最接近的机会。这样，阿努拿科人就可以顺利地到达地球。

第一次到达地球，阿努拿科人发现地球上有大量的他们极需要的金子，他们还发现了可怜的、还未开化的 Cro-magnon 人。于是，他们决定使用基因技术，改变低层次的地球人的素质，让地球人成为他们永远的金矿发掘人。阿努拿科人把他们的基因植入 Cro-magnon 人的身上，并注入了有关金子价值的因素，让地球人世世代代为积累金子而努力。当下一个 60 万年到来时，也就是阿努拿科星球离地球最近的时候，阿努拿科人就会从天而降，把地球上开采的所有金子带走。

非奥尼西亚石板上的故事解开了人类的两大谜团：一是为什么人类赋予金子这么高的价值；二是填补了人类进化史中从 Cro-magnon 人到现代人之间的空白……

哇，多么精彩的故事！

老伯奥曼在结束故事之前很风趣地说："要想证明阿努拿科理论是否正确，我们可能还要等 50 万年。到那时候，如果阿努拿科人来了，我们地球人却已用金子来补我们自己的大气层去了，我们可怎么向他们交代呢？"

老伯奥曼的故事讲完后，班里的同学一连很多个星期都聚在一起，讨论的话题都是阿努拿科人。大家的想象力异常活跃。各路"科学家"们都试图要证明阿努拿科理论要比上帝创造论，比达尔文的进化论更有道理。有人指出，人类对神，对上帝的信仰，实际是阿努拿科人来到过地球的一个旁证。也有人找出当年西班牙人第一次到美洲大陆时，土著印第安人主动给了他们很多金子的故事，等等，都想为阿努拿科理论提供证据。

还有更多的是对地球的温室效应、对人类的基因工程、对外星球探险的关注。

我想，这一切一定是老伯奥曼所期待的。

## 比手画脚的外语老师
## ——毕讷德提先生

毕讷德提先生也是默乐高中有名的"怪人",他就是我的西班牙语课老师。

在进入高一之前,我从来就没有正式地学过西班牙语。当然,也记不得是哪年级的事了,老师给了张西班牙语的单词让背下来,第二个星期就要参加考试。正像大家都知道的那样,这可不是学语言的方法。如果用这种方法学语言,你永远也别想学会什么。这个星期你好像是记了不少,但下个星期又会都忘了。为什么呢?因为用不着,你的短时记忆就会自动清洗掉脑子里没用的信息。

以前我上的所谓语言课,无聊透了。

开学的第一天,我从学校发的课程表上发现了我的西班牙语老师的名字:古斯塔澳·毕讷德提。名字很怪,一看就知道这家伙不是一个"老美"。在公立学校上八年级时,我的那个西班牙语老师,是那种拿着一本西班牙语字典就自充西班牙语专家的人。看来,这回可能来了个真家伙——一个真正懂西班牙语的家伙。

初次见面,毕讷德提先生就给人很独特的印象。他的穿着总是很不协调。每天早上,他都可能创造出一种不同的不协调的穿着组合来。他总是爱戴着一顶鸭舌帽,穿着高尔夫衬衣,外加条领带,再加上蓬乱的、永远也梳理不齐的一头黑发。他老爱用一个很大的旅行包,里面装着他的手提电脑、书及其他东西。经常可以看见他背着那巨大的包在学校大楼里来去匆匆。

尽管他的身高只有5英尺8英寸,但他却是一个看上去极有威胁力、极有威严的人。他甚至是那种你可以用来吓唬你那不想睡觉的孩子的家伙，"快睡觉去，要不毕讷德提先生就要来了"。从外表上看，毕讷德提先生足以吓得大多数学生屁滚尿流。但在你真正了解他一段时间之后，你会发现他实际上就像一个很少开口的蛤蜊。当他打开那个坚硬的、不易穿透的硬壳时，你可以发现属于他的真实的柔软的一面。

其实，最离奇的并不是毕讷德提先生的外表和个性，说起他的教学方法那才是最别具一格的。他的课看起来很有计划和条理，但他实际上是一个你很难想象的不可捉摸的老师。你从来就无法知道毕讷德提先生下一步想干什么，想说什么。他就像一个随时会触发的炸弹一样，不知什么时候就会点着火。

# 西班牙—手语课

第一天，在他的课堂里目睹的趣事，让我现在想起来还忍俊不禁。

毕讷德提先生的英语确实有些蹩脚，让人不敢恭维。不过，他至少知道他要说什么。英语那准确的音节对于他来说是有些强人所难。他说起英语来，只能是两三个词连在一起，而且还带着浓重的西班牙口音。既然是"西班牙语"课，老师不说英语当然是天经地义的。这样，我们也就不得不放弃英语去适应他的西班牙语。

第一节课的第一个五分钟里，全班24个同学目瞪口呆地"看"着毕讷德提先生用无比流利的西班牙语为我们作一个开场白。他手舞足蹈，连比带画，试图用他的"精彩"的开头语来征服我们。我相信，全班24个同学没有一个知道他在说些什么。当然，你也不必听懂，你也没法听懂。

劈头盖脸的西班牙语把同学们全都"轰"昏了头脑。我敢打赌，在最初的几天里，毕讷德提先生所说的西班牙语，没有一个人能听懂任何一个词，没有一个人明白他究竟在说些什么。也真难为他，没有一点对牛弹琴的感觉，天天认真地演"猴戏"。但是同学们很快都明白了：在西班牙语课上只能说西班牙语，这是老师的要求。既然毕讷德提先生不谙英语，又不准我们讲英语，而我们又无法听懂他那讲得热情奔放、流利无比的西班牙语，于是，就像所有的聋子和哑巴那样，我们的手语和肢体语言开始异常发育。

西班牙—手语课据说是毕讷德提先生的"专利"。

在连续几天铺天盖地的西班牙语的轰炸下，我们也开始"捡"到一些单词了。于是，西班牙语课就不再是那种"坐在那里，只企望老师不要点我的名"的难熬的日子了。它开始变得有些意思起来，因为西班牙语课已经开始变成西班牙—手语课了。毕讷德提先生把每一个西班牙语单词都同一个相关的手语动作连在一起。毕讷德提先生的手语，大部分是"盗版"ASL（American Sign Language）的。ASL被广泛地运用于美国的聋哑人。另外一小部分则是毕讷德提先生自己"杜撰"的。

当毕讷德提先生第一次向我们演示手语时，我的第一个反应是"a very stupid idea"——一个愚蠢的馊主意。大多数同学从来就没学过西班牙语，现在想记住那些最简单的单词都感到很艰难，还怎么可能有精力去记一个个手势及其外加的单词呢？

不用多久，我就开始意识到是我错了！手语根本就不是个负担，正好相反，它能帮助我们很快地"记住"大量的单词。在很多情况下，我们反而是先记住了手语，然后再运用手语慢慢地帮助"联系"单词。有时，你没有学过某个单词，不懂得它的意思，但手语的意思却很容易令人明白。因为，肢体语言往往是一种"世界通用"的语言，很多手语是很直接的，一目了然的。比如，说英语的人把双手一摊，无论是说西班牙语还是汉语的人，都能明白这是什么意思。因此，手语可以帮助你学习外语新单词。

你可以想象一下，在我们的西班牙语的课堂上，一个同学做手势，另一个同学立即把它"翻译"成西班牙语；或者是一个同学说西班牙语，另一个同学把它"翻译"成手语……这是多么妙趣横生的表演呀！

这就是我们的课堂，有时让我笑岔了气的西班牙语课堂。

# 蓝色的死亡之球

　　为了要我们记住这些手语和西班牙语单词，毕讷德提先生还创造了一个称为"蓝色的死亡之球"的游戏。

　　其实，我们学单词的方法是很有条理的。毕讷德提先生像一般的语言课老师一样，先把西班牙语的生词和英语同时用投影机显示出来。每一个学过西班牙语的人都知道，西班牙语有不同的词尾，在不同的情况下使用又会有不同的形式。同第一个人讲话，所用的词会完全不同于与第三人讲话。毕讷德提先生会把这些必要的语法规则告诉我们。然后，我们用一点时间去记住：在什么情况下，对什么人应该怎么讲话，应该用什么词。

　　紧接着，有趣的事就开始了。

　　毕讷德提先生拿出一个小小的蓝色球，别小看了这个普普通通的小球，在毕讷德提先生的手上它就变成了威力巨大的武器——蓝色的死亡之球。他胡乱地把手中的球丢向某一个学生，随即问一个刚学过的词或句子，接到球的学生必须在5秒钟之内回答，否则，毕讷德提先生就会开始大声地对着你吼叫。如果你答对了，毕讷德提先生就会转向另一个人，去寻找另一个"倒霉蛋"。最精彩的是，如果你答不出，或是给了错误的答案，你就等着毕讷德提先生把你整得手忙脚乱、"洋"相百出、狼狈不堪吧。

毕讷德提先生拿出一个小小的蓝色球……

怎么"整"呢？你可能也知道，有些人在压力下会变得失态，不能正常工作。好吧，毕讷德提先生就给你再加大些压力。他大声地一秒一秒地为你数数，5秒钟结束后，紧接着就会大声吆喝你。没有办法，有的人就是答不出，怎么办？毕讷德提先生会叫你把球丢还给他，然后他又会把这个"死亡之球"丢给你，不过他会丢得越来越重，一次一次又一次，直到你的回答让他满意为止。

在他"玩"这个游戏的时候，最重要的是你千万不要把球丢掉。丢球就意味着丢掉了你的成绩——你的成绩会连同球一起掉下去。有一次，一个同学不知是有意还是无意没接住球，而他的位置正好在窗口边上，那球飞向窗外。毕讷德提先生大呼小叫，看着球落到楼下，那感觉就像看着你的分数如同冬天温度计里的水银柱一样直线下降……

每一次，这个抛球的"游戏"都要持续到毕讷德提先生认为所有的人都已经记住了那些该记的最基本的单词为止。然后，他会说："Practica este con tu companero."大概的意思就是"找个伙伴一起练习"。于是，大伙就赶紧各自找个伙伴，搜肠刮肚地没话找话"练习练习"。毕讷德提先生呢，就像个监工似的，围着我们转悠，看看谁没有"working hard"。

# 交叉字谜游戏

在西班牙语的课堂上也有"tests"——所谓的测验。如果是一般的"测验",可不必提它。然而,毕讷德提先生的"测验"却是他的教学中又一个"独具匠心"之处,不提不足以说明他的教学特色。

我们的西班牙语测验总是一成不变的"cross word puzzle",一种交叉字谜的游戏。说是游戏,但你必须在 15 分钟内完成,而且是对得越多,得分越高。当然,出现在交叉字谜游戏里的单词,都是刚刚学过的。

正像他的个性一样,你捉摸不透毕讷德提先生脑子里在想啥。你也不知道在什么时候、在什么情况下,这位西班牙语老师会来个突然袭击——让你们玩"交叉字谜游戏"。

应付这个"游戏"的最好办法,就是把新学的单词都背下来。很遗憾,班上很少有人这样做。很多孩子来上课之前,甚至连昨晚的作业都没完成。可想而知,这种测验的成绩也好不到哪里去,有时竟会出现全班平均成绩只有 13%。

对于这种测验,我的成绩总是能得到至少 90%。因为对这种纯记忆的东西,我好像是有些天赋。我可以坐下来用 10 分钟的时间记住一页纸的单词。如果我估计今天有考试,我会用 5 分钟的时间来看一遍那些新单词，往往就会在测验中得 100%，而我的同学们恐怕仅仅得 0%~40%。

读到这里，你可能会以为，只要能对付"交叉字谜游戏"就能得好成绩。错！事实并非如此。因为测验成绩仅仅是很少的一部分。如果你没有参加任何"交叉字谜游戏"的测验，你最终的总成绩仍可能得 90%。

毕讷德提先生的评分系统的基础是建立在课堂练习上的。毕讷德提先生最注意的就是"classroom participation"——课堂参与。在我的记忆中，几乎每个老师都会设定一些课堂练习分。但是，没有哪一个老师像毕讷德提先生那样把"课堂参与"当成总成绩中重要的一部分。

理由何在呢？毕讷德提先生的教学哲学是："谁都可以借助字典来理解西班牙文，但是有谁能用字典来进行流利的西班牙语会话呢？"也就是说，他要的是能听会说的能力，而不是"聋哑"外语。

因此，他的西班牙语课整个是一门口语课。在长长的一个学年里，我们就用过两回课本。堂上的"文字"作业也仅仅有过一次，那还是因为毕讷德提先生生病，来了个代课的老师，不得已而为之。

把西班牙语课变成完完全全的口语课，对一般的老师来说可能是个挑战。因为让学生说得太多，老师可能会无法控制课堂纪律。但这对毕讷德提先生来说，似乎没有什么问题。他的课堂运转得非常好，在他的课堂上，没有谁交头接耳，更没有人无所顾忌地聊天，说些粗野的笑话。你敢吗？甚至没有一个人被允许讲英语的。整堂课，从头到尾就是说！说！说！除了西班牙语什么都不存在。

把一门语言课上成一个无课本的纯口语课，按照毕讷德提先生的想法，他是帮我们一下子就抓住西班牙语最重要的东西：会话。

试想，有多少次你所遇到的会讲西班牙语的人中，拼写的能力强于说话的能力？说话，是人类交流的最重要的形式。不会说话，就不能说你会了这个语言。因此，毕讷德提先生教学的哲学"主心骨"就是我在前面提到过的那句话："谁都可以借助字典来理解西班牙文，但是有谁能用字典来进行流利的西班牙语会话呢？"

既然是"口语"课，老师当然是根据你的"口语"能力来给分。因此，毕讷德提先生往往只依据你的两个表现给你判分：一是你是不是听懂了他所教的东西；二是你是不是在注意听他说话。有了这两点，你至少可以得到一个 A⁻。还想得到更高吗？这里有个诀窍。

在美国有个俚语叫"brownie points"。意思是说通过"拍马屁"——kiss up 来博取他人的好感、从中捞到好处，直译是"甜点分"。在毕讷德提先生的班上，"甜点分"应该叫做"bonus points"——额外津贴分。

在毕讷德提先生的课堂上，没有人会肉麻地拍马屁："啊，毕讷德提先生，你真聪明！我希望我有你一半聪明就好了。"

也没人敢明目张胆地讨好："啊，毕讷德提先生你看上去真是健壮如牛！"

No！No！No！谁要是这样露骨地拍马屁，就有点儿侮辱毕讷德提先生的智商了。

要想从毕讷德提先生手上拿到"bonus points"——额外津贴分，其实也不难。你只需在回答问题时，用表现出 100% 自信的语调说："我懂这个答案！"当然，别忘了，是用西班牙语说的，而且是大声地说的。

这是间接拍马屁，舒服得很，且隐蔽。这个方法我百试不爽，每次都灵。得个 A$^{++}$，不是很容易吗！

# 西班牙语考试奇迹

美国学校有一个很好的传统，就是不断地进行州际间或全国性的考试。从三年级开始，我每年都要参加一次全国或州际的统考或考试。

上高中的第一年，我又一次参加了这种考试，新的经历让我的记忆罐更充实了。

默乐高中每年都参加一个叫做 OSTA 的州际间的竞争性考试。OSTA 是 Ohio Scholastic Test of Achievement 的简称，即俄亥俄州学术成就考试。这个考试为所有俄亥俄州的学校提供了一个互相比较、互相竞争的机会，看一看各校各门课的教学怎么样。

考试的季节要到了，默乐高中的老师就开始着手挑选班里最好的、最能代表自己教学水平的学生，去代表学校参加这个考试比赛。

很遗憾，我参加数学课考试的资格被排除在外了。因为我已上高三的数学课，所以没有资格代表高一年级去参加考试。虽然，数学没我份儿，但西班牙语却挑上了我。

一天下课后，毕讷德提先生把我还有另外三个同学叫到他的办公室，我们四人算是他班上的佼佼者。毕讷德提先生开始鼓动我们代表学校去参加春天的州际间的 OSTA 西班牙语的考试。为了说服我们，他说了一大堆废话：什么将来上大学时，看到你有OSTA 的成绩，人家将优先考虑，等等。我并没有很在意，不就是个考试吗？又不算 GPA（平均成绩）。我顺口就应承下来："没事，我去就是了。"

说起来我能成为西班牙语课上最好的一个学生，还要归功于我爸爸，他总是命令般地让我在家学中文。学中文其实就是靠的记忆力。从我 5 岁来美国，到我 15 岁，老是不停地练习，我对文字的记忆力就练出来了。再加上，我已有了中、英文两种语言的底子，发音对我来说就不是什么难事了。学西班牙语不久，我就发现，西班牙语能很顺畅地融入我的脑子，甚至是不太费劲儿就在班上学得七七八八了。特别是在毕讷德提先生的手语教学的帮助下，我的记忆库工作出色，语法更不成问题。加上西班牙语，我已经学过三种完全不同的语言。

临近考试的一个星期，我才发现毕讷德提先生在征求我的意见时，并没有完全把底牌摊开，他很可能留了一手。他没有对我说清楚，在这次考试竞赛中，我只能选择参加一科的考试。也就是说，如果我参加了西班牙语的考试，就意味着我将失掉参加英语考试的机会。

参加学校的英语代表队当然要比参加西班牙语队更有吸引力。首先，英语队比西班牙语队听起来更像回事。其次，我将来如果想学法律，有参加英语竞赛的经历，会使我的大学履历表更有吸引力。

毕讷德提先生没有对我说清楚这是我唯一的选择。我在答应参加西班牙语考试的同时，也痛快地一口答应了我的英语老师克奈先生的邀请，代表学校参加英语竞赛。考试前的一个星期，克奈先生找到我很着急地说："矿，看起来我们有些麻烦了！毕讷德提先生说你已经答应参加他们的西班牙语代表队了！他还说，你答应参加他的队在答应参加英语队之前……"

这是事实，我答应毕讷德提先生在先，答应克奈先生在后。因为那天，英语课是跟在西班牙语课后面的。

我点点头，说："是啊。"

克奈先生摇摇头，说："难道你不知道，你只能参加一科的考试吗？"

其实，不论是毕讷德提先生，还是克奈先生，谁也没同我提过，这还是我第一次听到。我有些迷糊地看着克奈先生，说："No..."

克奈先生斜低着头，两眼从眼镜上方盯着我，给了我一个进退两难的问题："那你准备参加哪一个？"

这个问题真让我为难。一方面我要维持我的许诺和我的尊严，另一方面我又想到学校里最聪明的孩子都荣幸地选进了英语队，如果我退出来，我就不是那个群体中的一员了。但是，我确实先答应了毕讷德提先生。再想一想毕讷德提先生那不苟言笑的脸，我这种出尔反尔，显得有点儿不仗义吧。我收起改变主意的想法，以无可奈何的心情，选择了西班牙语的考试。

我放弃了参加学校最好的英语代表队的机会，放弃了参加最有价值的英语考试的机会，去参加一个没有太大赢的希望、没有太大意义的西班牙语考试，这是个多么大的损失！有什么办法，自找的！

既然我在前面自吹是个很不错的西班牙语学生，为什么临到考试又说泄气话呢？为什么说"没有太大赢的希望"呢？我是这样想的：尽管我在我们西班牙语班里是最好的学生，但这并不意味着我的西班牙语能够去应付一个州际间的比赛。正像我在前面说过的那样，毕讷德提先生把他的课完全变成了口语课。我们从来就没有坐下来研究过怎样用西班牙语写东西，也没有像一般的老师那样，每天都坐下来让学生默写单词，更没有考过这种笔试。光知道怎么发音、怎么说话，怎么可能去应付那种 objective written test？！他们才不在乎你会不会发音，给你个多项选择，做不出来？活该！

考试那天是星期六。我的考场是俄亥俄州的西南区四五个考场中的一个，就设在一个离我们家不太远的学校里。妈妈开车送我去，路上走了大约 15 分钟。临上车前，我拿了本西班牙语课本，翻开生词表一口气背了 300 多个单词。妈妈笑我是"临阵磨枪"。我想，磨一磨总好过不磨呀……

由于我根本没把这个考试放在心上，临急临忙才告诉妈妈，再加上修路，绕了个大弯，到了考场，竟然迟到了。监考老师已经开始发考卷。看看教室里，坐满了看上去踌躇满志、信心满满的参考者。我的三个同学也是一副蓄势待发的架势。他们跃跃欲试的样子真让我相形见绌。我这才开始有点儿紧张起来。再回头看看，差一点笑出声来。你猜怎么着？我看见有三个墨西哥人也像模像样地坐在教室的后排准备参加考试。要知道，西班牙语是墨西哥人的母语，墨西哥人同讲英语的人竞赛西班牙语，简直是开玩笑。就好像我同美国人竞赛中文一样，那是胜之不武的。

考试一开始，我很快就发现我自己是处在一个被打得歪歪倒倒的"拳击陪练手"的境地——正在全身心地投入到一场很粗野的搏斗中，但没有任何人希望我能赢，就连我自己都对自己没有什么指望。

人有时是有点儿怪，这种境况，反而激起了我的斗志。可能这就是孙子说的"置之死地而后生"吧。我使出全力去"拼"、去"争"……到了最后 10 分钟，我还有 17 道题没做。抬头看看四周，我的三个同学已没了踪影，大多数参赛者都已经走人。我简直不敢相信，我怎么会突然变得那么笨！怎么竟然会他们都做完了，我还在继续"磨蹭"？在最后的 30 秒里，我还有 6 题没完成。80 题中的 6 题，就像所有负责任的家伙那样，我把剩下的 6 题一个"C"画到底。

我沮丧极了！在我的肩上担负着毕讷德提先生的希望，还有我自己和我父母的希望。但我叫他们都失望了！我嘴上没说，至少，心里是这么想的。

第二天回到学校，毕讷德提先生一个个向我们问起考试的情况。让我吃惊的是，我的那三个同学竟然会认为星期六的考试是"piece of cake"，就像吃蛋糕（豆腐）那么容易。我不是个英雄，我实事求是地承认这个考试对我来说很不容易。

毕讷德提先生点点头，用西班牙语喃喃自语道："我知道，是我的教学方式不适应这种考试，我也没有教给你们足够的词汇去应付这种考试……"

听到毕讷德提先生坦率的自责，我反而更感到难受了！

一个月后的一天。上课前，毕讷德提先生满脸高兴地把我们四个又叫到他的办公桌前，说道："我得到你们考试的成绩了！"

Final scores？最终的成绩？虽然我知道自己考得不好，但又很想知道成绩；可是真要揭晓了，心里又惶惑起来……

我们四个默乐高中参赛者的成绩是：5%，60%，92%，98%。

猜猜我得了个什么成绩？你一定会猜那个最低的5%，对不对？

错！大错特错！

98%！哈，我得了最高分！我那几个朋友，有过 piece of cake——"像吃块蛋糕（豆腐）"那么快乐的时光的朋友分别得了5%，60%，92%。

哈哈哈！我让自己大笑了很久。

毕讷德提先生当然也是最高兴的一个，不过，我没有看到他笑，至少是没有当着我的面笑。

我的成绩在默乐高中是第一，在俄亥俄州西南区是第五（别忘了，我们考场里的三个墨西哥人），在俄亥俄州是第八。我得了四张不同的奖状。

令人遗憾的是，我们学校的英语队全军覆没，什么名次都没捞到。

好了，我想你们可能对这个话题已经厌烦。那我也不要谈什么成绩啦，还是讲一点别的有趣的话题吧。

## 如果她也算一个老师
## ——自然科学课的斯小姐

# 我是中国人

在美国学校，老师不仅仅是用那些数学公式、文学著作、历史掌故去填充我们的脑袋。很重要的一点是，学校也为我们提供了很多机会去学习生存之道，培养我们在未来社会中的生存能力。当然，这方面的学习部分来自课题研究、小组活动，或同其他人的社会交往。但学校生活的本身，也给了我们很多无声的生存教育。

在美国有一句名言："Life's not fair."——生活是不公平的。我学会这一课，还是承蒙了一个姓斯的老师（恕我隐去其名）在我脸上重重的一击。

斯小姐（我很为那个世界鼎鼎大名的大学遗憾，因为斯小姐竟与它同名），对于我黄矿岩，一个高二的学生来说，她已经变成了一个"过去时"中的不光彩角色，在我的一生中，我会不断地回过头来嘲笑她一番。

我在她的课堂里呆过两个半学期，这段时间可以说是很有价值的，但那绝不是学业方面的，其价值就在于：从与她的交往中，我初次尝到什么是冷酷社会的凶险黑暗。当然，这可能并不是她的初衷。大家可能已经看出，我对这位斯小姐缺少些尊重。不过，这当然是有原因的。

七年级时，我曾有过一个非常优秀的科学课老师，帕克卡德太太。在她的指导下，我的研究课题"老鼠有决策能力吗？"，在学校的科学研究展览会上夺得了动物组一等奖。

早就听说，八年级科学课的老师，库奇太太更棒，是个名声早已在外的好老师。据说，她很有幽默感，很爱护学生。我一直都在想，八年级的科学课一定会更好。八年级了，我又长大一岁了，事情总是越来越好嘛。

这回我可是大错特错了！

开学的第一天，一进教室，我就发现情况有异。库奇太太去哪里了？黑板上写着一个大大的，大得超出常规的名字："斯小姐"。我环视了教室一遍，发现一个小个子女人站在讲台前。小个子女人自我介绍说，她就是那个用大号字写在黑板上的"斯小姐"。我感到有些不相称，那么小的个子，那么大的名字。原来，库奇太太临近开学才宣布退休，学校不得不匆匆忙忙雇了这个斯小姐。这可能是个麻烦的信号。

斯小姐嗲声嗲气地用对小学一二年级的学生说话的口气说道："好啦，现在，我要全班的人一个接一个站起来，大声并且清晰地向全班同学报出你自己的名字。然后，跟大家说一说你自己的特征呀、特点呀。好啦，让我们现在开始吧！"

没有人动，大家都被她突如其来的嗲声嗲气和矫揉造作弄懵了！我们是八年级还是八岁呀？好像我们都是八岁的孩子，谁会这样做？真没意思！

斯小姐站在那儿等了好一会儿，她有些下不来台，就自我解嘲地说："Ooook… 我开个头吧，Umm… 我叫斯小姐，OK，至于我独具特征的事嘛！Well… 我非常超前哟，我喜欢做有趣的事情呀，我喜欢教科学课，特别是化学啦，化学是我的强项哦。"

斯小姐自报家门后，仍没有人说话。于是，全班24个同学，一个一个在斯小姐的指派下站起来自我介绍。第19名，她点到了我。我站起来，用最完美的发音把我的名字说了一遍。

完美的发音，我指的是中文："Huang Kuangyan"。许多来美国的中国孩子都取了个英文名字，但我没有英文名，也不想要。不管走到哪里我都叫"Huang Kuangyan"。对大多数美国人来说，他们的耳朵根本不能分辨汉语发音的微妙区别和中文的四声，所以我的名字在他们听来就好像"Kuang Kuang Kuang"。平时，为了不愿给朋友们添麻烦，我都让他们叫我"Kuang"，但很多人都发不出那个"g"音，他们都把我叫成了"Kuan"。

当我把我的名字用最完美的发音说了一遍后，引起了一阵笑声。同学们谁也没听见过我的真正的中文名，他们大多数人一定以为我在开玩笑，故意逗乐子。其实，我也是心里对这种小儿科的自我介绍反感，没有按以往的习惯，把发音变得更"洋浜腔"一点。

这个老师不是要求表现自己的特点吗？就给你个中文发音吧！这可是我们班里独一无二的。

斯小姐制止了我，问道："Huh？这是什么？"

我回答说："你不是要自我介绍吗？是我的名字呀！"

她一脸的不相信，好像世界上的人都要有个英文名字似的。

我看一看她，反问道："怎么了？"

她用轻蔑的调子说："这是你的名字？"

我已经开始对这个老师反感了，我追问了一句："为什么不是我的名字呢？"我想她一定以为我是有意搞笑。既然如此，我在介绍自己独特的方面时，我有意地，当然这回是有报复心理地，大声地、清晰地说："我是中国人！"

在那个情景下，我并不想说什么笑话。我只是想让那个竟然不相信我的名字的老师知道：你对我不尊重，我也不见得要尊重你。

我的回答让全班同学笑成一团。他们一定以为我是向斯小姐挑战。斯小姐满脸不高兴，花了几分钟才好不容易让课堂安静下来。

教室的最后一排坐着一个全班最调皮的学生，萨安·劳恩尼兹。萨安是我们学校有名的刺头学生。他从来就不认真学习。在美国的学校里，这种孩子都是最"酷"的，在他的身边总是跟着一伙跟屁虫、小喽啰。每个有经验的老师都知道要想不让这种学生把你的课堂搅得底朝天，最好的办法就是先发制人——在竞赛中的第一回合，你就必须压倒他们！不能留给他们一点儿活动的余地。

显然，斯小姐对此没有一点经验。

轮到萨安·劳恩尼兹自我介绍了。他歪歪地站起来，一看他的样子我就知道这家伙一定要来点事儿。

萨安慢条斯理地说："我叫萨安·劳恩尼兹。"然后又不紧不慢地补充道："至于我的特征方面嘛，我是一个美国人。"

哈哈哈……

班上像开了锅似的，一下子又大乱起来。这回斯小姐算是真傻了眼。她一定不明白，为什么她的课从一开始就变成了一个"joke"——玩笑？

# 牛比狮子跑得快！

八年级的第一个学期，科学课上的是物理。物理和生物都是我最喜欢的自然科学课的内容。相对来说我更喜欢物理一些。也就是说，这学期要上的物理，是我的 favorite ！

这天上的是物理，斯小姐走进教室，问道："你们还记不记得昨天的实验？谁可以告诉我，什么是'惯性'？"

全班人没有一个人出声。

在美国的课堂里，学生回答问题需要动力。学生是否喜欢这个讲课的老师，是学生爱不爱发言的一个很重要的因素。当然，也有的时候，学生并不真正"喜欢"某个老师，比如西班牙语老师毕讷德提先生，但当他提问时，大家也都会举手。

然而，斯小姐的课堂有些异样。她不在乎学生们是否喜欢她。学生也根本不会想到去喜欢她。没人发言，是因为整个班没人在意她在教些什么。这是真的，这一年没人学到什么东西。

斯小姐看着大家，又问："怎么啦？你们这些家伙是不记得，还是不在乎？"她在这里犯了一个传统的错误。她忘了在她的课堂里还坐着萨安。像萨安这样的刺儿头人物，当然不会放弃任何老师留下来的缝隙。

什么是缝隙？看看下面就知道了。

萨安举起手，装出一副懂答案的样子。

"什么是惯性？"斯小姐看起来有些吃惊，马上高兴地说，"看看，昨天还是有人听课了的。"

然后，她叫萨安回答问题。

萨安不怀好意地笑了笑，说道："对不起，我根本没记住'惯性'是什么，但我们能不能再玩一下玩具？对啦！你是不是能像昨天那样再演示一下？"说着还学了一个天真的青蛙跳的怪样。

课堂里一阵哄笑，斯小姐的脸红到了脖子根。她一把抓住萨安，把面带笑容的萨安推到走廊上罚坐去了。

OK，我想我把你们搞糊涂了，还是让我从故事的开头讲起吧。

那是昨天的事了。斯小姐走进课堂，第一句话就说："好吧，我今天为你们准备了一个小实验，让我们来学一学什么是惯性、力量和重量？"

谁都不稀罕她的所谓"实验"。她的"实验"与去年我们在帕克卡德太太的指导下的实验相去甚远。帕克卡德太太是一位非常优秀的科学课老师，她带着我们做实验，证实理论，学习科研方法。在她的课里，我觉得我就像个科学家似的，每一分钟都没有白过。可是斯小姐却把科学实验课当成儿戏。她似乎完全忽视了我们的真正年龄，更糟糕的是，她还没有意识她的问题在哪里。

看看没有谁对她的话表现出热情，她便自作聪明地掏出了一大堆玩具，并把它们一一摆在桌上。我的天呀！这可不是适合八年级学生玩的玩具，绝对不是！那都是些从麦当劳、汉堡王的"快乐餐"得来的廉价小玩具——那种专为吸引幼儿园的小孩来吃饭而配发的廉价的小玩具，什么塑料恐龙呀、怪兽啦……

麦德坐在前排，正好就在那堆玩具的桌边。他看看眼前五颜六色的小玩具，随手拿了一个恐龙就玩了起来。

斯小姐停止讲课，说："麦德，放下恐龙！"

麦德听话地放下手中的恐龙。几分钟后，又抓起一个青蛙。

斯小姐兴致勃勃地在课堂里来回跳跃、跑动，说着"动量！惯性！"但课堂上所有人的眼睛都盯着麦德，甚至没人注意到斯小姐在干什么。麦德给手中的青蛙上弦，让它在课桌上一跳一跳的。大概是青蛙的跳跃与斯小姐的跳跃有点儿相似，全班同学都哈哈大笑起来。

这回斯小姐生气了，尖叫道："我有没有告诉过你不能动这些玩具呀？塔克宁先生？"

美国老师叫学生时，都叫的是名。麦德的姓是"塔克宁"。当老师不叫学生的名而叫他的姓，并冠以"先生"时，那就是真生气了。

麦德回头看看我，给了我一个很熟悉的鬼脸。我知道这家伙一定是又想出了什么"酷"点子了。

麦德回答说："你叫把恐龙放下，我放下了。你又没说不能动青蛙。"边说边玩着那只青蛙。

教室里又激起了一阵大笑。斯小姐狂怒了，叫道："麦德，立即把它放下！否则你就到校长办公室去玩吧！"

萨安又一次抓住了机会成为今天课堂里的"国王",他站起来说道:"斯小姐,派克先生(校长)今天不在他的办公室。"

萨安完全知道他怎样能做到既最大限度地激怒老师,又能使自己最小限度地惹上麻烦。他说这话时完全是用了一副天使般纯真的语调,就连我都相信,他是真的想让老师知道校长派克先生今天不在学校。

紧接着,斯小姐又犯了个大错误,把所有的反对派都堆在了一起,她就像一个同学跟另一个同学赌气似的对萨安挖苦道:"多谢你了,劳恩尼兹先生!"

……

好了,让我们再回到斯小姐的"实验"上来。按照她的设想,是让学生用那种有轮子的玩具一个一个地滑行,看哪个能走得更远。然后,她再来作总结。

主意还是不错的呀!但糟糕的是她把我们当成了幼儿园的小孩来摆弄,这就决定了她的课堂操作和驾驭场面的方式肯定要出问题。

她决定要选两个同学来表演操作。一群孩子都举了手。

出乎意料,她竟点了我和萨安。全班同学都感到好笑,见我和萨安走上讲台,课堂里又是一阵笑声。

我们两人并肩站在讲台前,各自从那堆玩具里选了个"实验"工具。我选了只带轮子的牛,萨安捡出个狮子,就是动画片《狮子王》中的那个最勇敢的第二代狮王。

斯小姐让我们在地板上朝教室的另一头滑动玩具。

萨安看了看我，我立刻意识到一个同样的灵感已经跳入我俩的脑子——"赛跑"！斯小姐说只要我们准备好就可以开始了。我们俩坐在地上互相看着对方，忽然，我叫了一声："预备——开始！"我们使劲儿把手中的小玩具推向前去。结果，它们碰到了教室对面的墙上。萨安的狮子质量欠佳，一条腿断了。当然，我们并没有把玩具"扔"到对面墙去，我们完全是按照斯小姐所"教导"的那样，利用轮子去滚动玩具。

斯小姐站起身来，嚷道："你们搞什么？"

萨安笑眯眯地说："搞科学呀！矿的牛赢了，因为牛比狮子跑得快。"

斯小姐指着门口，对萨安说："滚！滚到走廊去！"

斯小姐又犯了第一千零一个错误！如果你坐在美国学校的走廊里，你实际上完成了你一天学生生活的一部分。对于学生来说，能争取到坐走廊的惩罚几乎是个艺术。这就取决于你对老师的忍耐程度的掌握，既要争取多次被罚，又要保持在最低层次的惩罚。这种惩罚既不上档案，父母又不知道，坐在走廊上也是一种难得的清闲。

照我说，萨安实在是个高手。斯小姐从来就没有对我们说不能搞动物赛跑，我们正是在她的指导下把玩具滚动到教室那一边去的呀。至于需要什么样的速度，你老师也没有明确规定。所以，她当然不能因此给我们什么麻烦。

如果她告到校长那去："Umm... 劳恩尼兹先生和黄先生在我的教室里搞玩具动物赛跑……"

"……矿的牛赢了，因为牛比狮子跑得快。"

什么样的校长会管这种事？校长可能会问："是谁带这种玩具到学校来的？赛跑是怎么回事？"

这样一来，斯小姐又能说什么呢？这就是为什么萨安总是找麻烦，但又不至于被送到校长办公室去。萨安掌握着这场游戏。

萨安像明星似的离开教室到走廊上去，边走边摇着头说："牛跑得更快！还是牛跑得更快！"

全班人笑成一团，再也没人关心什么"实验"了。

不幸的是，今天斯小姐又接着再犯了一个错误。

如果你是一个老师，你现在应该怎么办？是不作任何调整，仍然继续这个已经失控的"实验"，还是发现问题所在，作出相应的调整？

看看斯小姐怎么做吧！

她把萨安赶到走廊后，接着对班里的同学们说："各自找自己的伙伴，把你们的实验数据记在一张纸上。"

本来课堂就已经很乱，再让同学自己找伙伴，这不是乱上加乱吗？因为同学自己找的伙伴，肯定都是与自己最玩得来的朋友啦！

我和麦德坐在一起，冷眼看着乱糟糟的课堂：大家要么在玩着那些小玩具，要么说说笑笑，竟没人管什么"实验"不"实验"。我们两人百无聊赖地摆弄着手中的玩具，就像两个幼儿园的孩子似的。哈哈，真是有趣！在八年级的课堂里玩恐龙，玩怪兽……这恐怕只能发生在斯小姐的课堂上。

有的同学也开始搞玩具赛跑，有的甚至用玩具作头对头的碰撞，看看哪个"弹"得更远。当然，斯小姐很忙，她跑前跑后地制止她所能看到的"出格"的玩法……

　　唉！我们今天真是学了不少东西。

# 圣诞画册

到了第三个学期，这意味着我们的一个学年已经过了一半，在斯小姐的课堂上我们实际上只有两件事好做：一是做其他课的作业；二是有个非常完整的 45 分钟的睡觉时间。

你一定很惊奇，如果在科学课里只做这两件事，科学课的成绩一定很差！

对我来说，成绩是很重要的。但更重要的是我的 pride——自傲受到了损害！

我用很少的时间去做斯小姐的作业，课题研究报告也总是拖到最后一分钟才交。从我的"pressure quality box"——压力质量箱里只挤出一点点时间来对付她的课。要命的是，即使这样，在斯小姐的班里，我竟能一直保持着全班最高分。

其实，我们全班没一个人在乎斯小姐在教什么，很多人根本就不做家庭作业，更不在乎考得几分。第二个学期开始时，全班24 个同学，有 22 个不及格，只有两个人通过了合格线。这绝对不是编造出来的故事，这是发生在现实生活中的事。在离学期结束还有三个星期时，全班的平均分是 24%。100% 中的 24%，换句话说，这就意味着全班的总平均分是 24 分。

有一些家伙只得了 10% 的成绩。要想得到这个成绩，要求如下：一是只要你还活着；二是有时要出现在课堂上。

一只猴子只要每天进课堂，都能得到高于 10% 的成绩。问题是这只猴子愿不愿意要这个成绩。事实是，我们班的"猴子们"并不在乎斯小姐的课。

跟爸爸学中文时，他让我读些中文的寓言故事。有个故事说的是，有一个老人养了一群猴子。有一天，老人对猴子说："从今天起，我要改革你们的食物，早上三颗橡子，晚上四颗。"猴子们大怒，它们大吵大闹。于是，老人又改口说："好吧，我给你们早上四颗，晚上三颗。"猴子们高兴地接受了这个改革。

这个故事告诉你，不要只看眼前的利益，要看到长远的利益。

不要以为你目前能在斯小姐的课堂上"混"，占了便宜，但，等你上大学时，情况就很不乐观了。有哪个大学会接受一个八年级科学课只得 10% 成绩的人呢？

我的成绩总是 98%。你猜怎么样？麦德是另一个 98%。班上仅有的两个过关者，就是我们俩。一说起这事，我们至今还哈哈大笑不已。

这并不是这个故事中最滑稽的部分，听我继续把这个故事讲下去。

斯小姐当然也不想让她的班的平均成绩总是 24%。她需要动作。如果是你面对着这种情形，你应该怎么办？试想一想，斯小姐可能有几种方法去挽救这个不堪入目的全班成绩？

第一，同学生们坐下来，一起讨论讨论，到底老师的教学出了什么错，然后改变教学方法。这当然是最理想的办法。

第二，向同学们介绍一下我和麦德的做法。尽管我们的方法从长远来看对我们的知识增长没什么好处，但不失为解决她眼前困境的一个可行的办法。

第三，试一试用课题研究、实验室来调动学生的兴趣。这个方法可能有用，也可能没用。但试一试也没有大的伤害。

第四，改变教学的安排，搞些自由日、电影日、愉快日一类活动，以改变学生对自然课的态度。这种方法可能老师也教不了什么东西，但总比现在这样好，老师教不成课，学生甚至不想来上课。

当然，你可能会有更好的办法。但我可以同你打赌，斯小姐的办法是你绝对想不到的。

圣诞节前的某一天，斯小姐拿来了厚厚一沓材料，发给每个同学一包。打开一看，都是一些圣诞树、圣诞老人、圣诞礼物一类的无色图片——学前班的孩子常用来打发时间的上颜色的图画。她把我们本该用来画物理和化学表格的彩笔发给同学，说："听着，我有50分津贴加分送给你们，这就是我送给大家的圣诞礼物！但这50分不能凭空给，你们需要给这些图画上颜色，涂得越多，得分越多。全部完成，可以给你们的自然科学课加50分……"

结果大家欢呼雀跃！这让我想起《老人与猴子》的故事。那些不及格的都及格了，斯小姐的自然科学课平均成绩也上升了。

只有两个人——我和麦德一肚子怨气，我们保持了很久的成绩98%，大大地贬值了。

别笑！这可是真正发生过的事，发生在我八年级的自然科学课上的事。

# 比尔·耐，搞科学的家伙

在美国，人们都相信：把学习的内容制作成孩子喜欢的、有趣的、滑稽的电视节目，可以让孩子在欢乐中学习到一些东西。

这当然是个好主意。著名的电视节目，如《芝麻街》、《巴尼》等都可以帮助刚启蒙的小孩学字母、学拼写、学算术、学阅读，甚至可以学到一些重要的生活中的道德伦理，如互相帮助、不打架什么的。

但是，当孩子到了 8~10 岁时，他们就会开始反感这些节目了。如果大人买回这种录像带，他们会问："为什么还让我们看这些幼儿的节目？"

如果你看过《芝麻街》和《巴尼》，你就会知道任何一个超过 8 岁的孩子，只要智力正常，都不会再高兴看这种东西了。

于是，电视制作公司又搞了个节目，叫《比尔·耐，搞科学的家伙》（"Bill Nye, the Science Guy"）。

这个节目编得非常好。许多很枯燥的科学课题被编排成很有趣，甚至很滑稽的一个个小节目。主持人就叫比尔·耐，一个干干瘦瘦的很精明、很幽默的家伙。

他可以把分子结构变成一个很大、很精彩的节目，并且充满了幽默和欢笑。节目里还包括各种各样的小实验、小玩笑。

在我八九岁时，这是我最爱看的一个节目。甚至，现在我都15岁了，有时真正无事可做，感到无聊，打开电视，如果偶然碰这个节目，还会很有兴趣地看上一会儿。

自从斯小姐开始对我们的课堂失去控制后（其实，从一开始她就没能控制过我们的课堂），她变得越来越不像个老师。上课时，她会站在讲台前对着手里的课本干巴巴地照念。那是专门为老师准备的版本，上面早就印有答案，包你不会错，照本宣科就是了。毫无疑问，这样上课，没一个同学喜欢。于是，《比尔·耐，搞科学的家伙》就走进了我们的课堂。

当孩子实在感到无聊时，放个电视，换一换气氛，这当然不是什么坏主意。天天干巴巴地照本宣科，别人不烦，斯小姐本人也感到"烦"。于是，根据我们的课程内容，她给我们放了《比尔·耐，搞科学的家伙》的节目。看比尔的滑稽表演，当然要比听斯小姐的"干"念课本有趣得多。看完节目后，她发给我们一页纸的作业，上面印着有关的题目（我相信答案都在她那本教学参考书里）。按照比尔·耐所教的去回答全部问题，准错不了！

但是，别忘了：《比尔·耐，搞科学的家伙》是为8~10岁的孩子制作的节目，而且它是以娱乐为主的，采用的是喜剧的形式。

我们上的已经是八年级的科学课，又都是些十三四岁的青少年。天天周而复始地重复着那套老把戏：看比尔的表演，领一张作业，答题完事……头两三天还可以，天天如此，人就烦了。

如果有人问："谁是你们的科学课老师？"

很多同学一定会很骄傲地回答：比尔·耐！

当我们看电视时，斯小姐就坐在教室的背后，干她自己的事。

一天，不安分的萨安向斯小姐问道："比尔……哦，对不起！我是想说，斯小姐我能不能上厕所？"

斯小姐还不算太笨，她气红了脸，但没吭一声。

可惜，"好景"不常，终于有一天，全校都知道：213 教室来了个老师叫"比利·耐先生"……

斯小姐不得不收起了这场"儿戏"。

我们又回到了斯小姐的"正常"的不正常课堂。

# 木偶戏风波

　　每一个学年，学校里都会发生些不能预料的事情。"木偶戏"事件可能应该算是 1998—1999 学年我就读的初中里发生的一件算得上"事"的事情吧。写到这里，我不禁自己笑起来。回过头来看一看当时的情形，越发感到斯小姐的无聊、无知和事件的荒唐。

　　第二个学期的自然科学课涂颜色得 50 分的事，很让我生气。这简直是有辱我们八年级学生的智商。愚蠢的老师竟然只能想出涂颜色的方法把分数搞上去。我和麦德拒绝干这种侮辱自己智商的事。我们没有做这个"作业"。很快，涂颜色的儿戏开始出现败象，因为，总不能老是涂颜色吧。自然科学课毕竟还是有作业，有考试的。时间一长，班里的平均分又下降了。到了第三个学期，全班平均分是 38%。

　　记得就在那时我干了件很滑稽的事。

　　一天，成绩公布表贴在墙上（给每个孩子取个绰号以"保密"），尽管只有 10% 的人通过了及格线，但比起上个学期的 2%，还是大有进步的。

　　我跑到我的存物柜里翻出一大把彩色笔来，发给每个同学一支。

　　同学们手里拿着彩笔，但不明白是怎么回事。当时只有萨安和麦德知道我在想什么。斯小姐走进教室，萨安迎上去说："斯小姐……嗯……我现在只得了 19% 的成绩，能不能再找些图片……"说着他把手中的彩笔在斯小姐面前晃动了一下。

就在这一刻，所有的同学都明白了手中彩笔的含义，顿时哄堂大笑。但这对斯小姐来说可是没有一丝滑稽感。当她看清每人手中的彩笔时，她的脸立即转红，又发青。

其实，对斯小姐来说这真是个难题。又要提高平均分，又不好意思再搞涂颜色这种小儿科的把戏，因为这个上颜色的小闹剧已经搞得她全校有"名气"了。最后她决定搞个课题研究，其中最重要的部分是每个课题研究小组要在全班同学面前作一个研究成果汇报。课题研究的项目就是各种各样的能源，如水力、煤、风力、太阳能、原油和天然气。

每个人都要选个研究伙伴，定一个研究项目。我和麦德一组，我们选了天然气做研究课题。从七年级开始，在好几门课里，我都和麦德合作搞课题研究。我们的研究汇报总是可以得到高分的，因为我们知道怎么样才能把汇报搞得既能演示全部内容，又生动活泼、独具特色。

我们想到了一个很好的方式：制作一个木偶剧。我们借鉴一个很有名的电视节目《约会游戏》的基本作法。在这个游戏中，三个男性试图争取一个躲在密封的亭子里的神秘女性的青睐。那个"神秘的女性"会向那三个男的分别问很多问题，然后，她要根据他们的回答来决定选谁当约会对象。

我们创造了个角色，名叫"BOB"，他是那个"神秘的角色"。

BOB 建了栋楼，他要选定用什么样的能源。另外三个角色是油、煤炭及我们将要介绍的天然气。在他们对话中，各种能源的长处、短处会一一带出来，最后 BOB 选中天然气。

但我们只有一个星期的时间进行准备。我打开我的"pressure quality box"——压力质量箱，翻出我的艺术积累，用最短的时间、最好的质量做了五个纸的木偶人。黄色的是油，黑色的是煤炭，蓝色的是天然气。美丽的小木偶人都用做冰棍的木条撑起来。这样，我们就可以蹲在桌子后面表演。

当时我们有个很好的朋友，名叫伯默，他是个黑人，他对自己是个黑人感到很骄傲。我是有色人种，黄种人。我从来不会因为对方的肤色不同而对人家产生反感。我相信种族主义是这个世界上最丑陋的东西之一，也是我最厌恶的东西之一。如果你要对我引以为傲的种族和肤色发表奇谈怪论的话，别怪我对你不客气！我会毫不留情地同你斗争——甚至不惜拳头相向。

我们同伯默都很玩得来。伯默常常爱自我调侃。比如，我们一起玩牌，伯默输了，他会笑着说出他那句有名的调侃话："因为我黑，对不对？"

30 年前，美国黑人被白人社会欺压。如今种族歧视已被社会上视为很野蛮、很落后的东西。因此，伯默的话，谁都当成是调侃和玩笑。

　　还是回到我们的木偶喜剧来。剧中的一个角色是煤炭，同天然气比，用做家庭能源，煤的缺点不少，注定要被天然气取代。因为煤是黑色的，我们就在木偶剧中加上了伯默那句有名的黑色幽默和调侃："因为我黑，对不对？"

　　在我们即将登台汇报的那天早上，我和麦德在去学校的校车上，又把"剧本"看了一遍。实际上也谈不上是个"剧本"，只是些我们必须在表演中提到的材料。我们俩有一个共同点，就是都不喜欢照本宣科。

　　对我来说，我喜欢像水一般的自由漂浮，不喜欢囿于事先的计划。水是这个世界上最有力量的东西。它可以静静地流，也可以破坏、摧毁一切。水能随时改变自己，让自己从来不被伤害。我非常欣赏李小龙的这个理论。按照"剧本"去表演，就像是在一个窄小的水渠里游泳，很不舒服。要想自由自在地漂浮，就得到大河里去。我们的"剧本"，说白了，不过是木偶剧的要点，其余都靠临场发挥。

　　那天，我们俩蹲在桌子后面开始表演。BOB 一个一个地同三种能源谈话，随着问题的展开，同学们开始跟着笑一阵，或小声叽咕几句。因为这是借鉴一个电视上选择"约会"对象的节目，突然，听众中有人无聊地就选择"性"对象的问题开玩笑。大家伙儿一听都笑了起来，也包括我和麦德，因为我们俩也从来就没有想过会有人这样去想。BOB 在比较了三种能源后，决定不选煤，因为煤不但贵，而且燃烧效率不高，还会产生很多烟。于是由麦德扮演的煤，用伯默的口气说："因为我黑，对不对？"同学们显然都听出了麦德是在模仿伯默的调侃语气，大家都笑了起来。

下课铃响了，但我们的"剧"还没来得及结尾，斯小姐说："完成你们的汇报！"于是，我们不得不继续我们的表演。这时班上的同学已开始离去，下节课七年级的学生已纷纷涌进教室，课堂次序大乱。按照常规，如果老师下一节没有课，我们要继续完成我们的汇报；若老师下一节有课，我们应停止我们的活动。但不管是哪种情况，下一节课的同学必须在教室外等候，这是一般的礼节和常识。但我们的"剧"还没结束，斯小姐竟然听任学生自由出入。七年级的学生嘻嘻哈哈地乱闹，斯小姐竟像是个看热闹的局外人一样，讥讽地对七年级的学生说："看吧！这就是聪明的八年级学生……"

看到这里，你可能会想这种事每天都发生，你们还不算太倒霉。其实当时我和麦德也是这么想的。我们对整个木偶表演很满意：我们没有对着从教科书上复印来的材料"照本宣科"；我们的汇报涵括了三种能源，而老师只要求谈一种；重要的是我们采用了木偶戏的形式，很有创意；同时，我们的表演还给了大家一段愉快的时光。还会有什么大错呢？

不知你有没有这样的经历，同朋友去看电影，你觉得这电影非常好，但你的朋友则感到糟糕透了，看法完全相反！电影是好是坏，仅仅是看法不同而已。但随后发生在我们身上的事则完全与观点无关，竟然是由个人的恩怨及偏见带来的抹黑栽赃！这是一个老师绝不应该干的事。

快放学了，我接到学校办公室送来的一张字条，要我立即到办公室去一下。我怎么想也想不出个中原因，为什么让我在离校前的3分钟去办公室？

我跑进办公室，同办公室的老秘书瑞丁通太太开起玩笑来。因为我和麦德跳级到高中去上数学课，每天早上上完数学课后，高中派车把我们送回初中，这样回校后都要到她这来签到，所以彼此很熟。

我坐在她对面的凳子上，随口问道："为什么叫我来这里？"

她耸了耸肩，开玩笑似的逗我："你自己一定知道，你可能有麻烦了……"有什么麻烦？老秘书就爱开玩笑。我想了想，唯一可以猜到的，可能是学校广播站找我来帮忙。于是，我在那里走来走去，想找些事干。

这时，老派克出现了。派克先生是我们的校长。我叫他老派克是因为派克的英文意思是一种鱼，一种吃鱼的鱼。他从他办公室里走出来，四处望望，像是在寻找猎物。他发现了我，指着我说："你，进来！"

走进他的办公室，我耸耸肩，问他："What's up？"（什么事？）

他转过身来，瞪着我（他以为他在直线地盯着我，他的一只眼睛有点儿斜视，其实对我来说，我感到他的眼睛看的是另一个方向），怒气冲冲地说："坐下！"

哎呀，老秘书开玩笑，不幸言中，看样子我真是有麻烦了。

老派克手里拿着两张纸，说是斯小姐告的状，要求校长给予我和麦德停学处罚。肇事的原因就是我们引以为豪的"木偶表演"。

斯小姐列举了我们两大"罪状"：

一、在课堂上表演同"性"有关的木偶戏；

二、宣传种族主义，公然说："因为你是黑人，所以我恨你！"

听到这些指控，我勃然大怒！万分不齿这个"老师"的师德！从那一刻起，我再也不把这个斯小姐看做我的老师！

所谓同"性"有关的木偶戏，我们从来就没有想过这个问题，不过是班上一个无聊的孩子随口开的玩笑。如果真是那么丑陋的话，你作为一个老师，为什么不制止？再退一万步说，美国学校是允许约会的，这也没有犯规，更何况根本不沾我们的边！

所谓"种族主义"更是无稽之谈。她写这个指控时大概忘了，我——黄矿岩——是个中国人，一个有色人种，就像黑人一样的有色人种。麦德在表演时，只是用开玩笑的口气说："因为我黑，对不对？"谁都知道这是引用伯默的黑色幽默和调侃。

事隔快两年了，此刻写到这里，我发现了斯小姐在诬告中的自相矛盾：她说麦德在剧中说"因为你是黑人，所以我恨你！"，有没有搞错呀，斯小姐，麦德扮演的是煤，这句话怎么可能是麦德说出来的呢！可惜当时我气昏了头脑，只是一味地喊冤叫屈，没有抓住她这个诬告中自相矛盾的关键……

老派克也是，想都不想就听信斯小姐的诬告。这又不是迟到早退的小事，这可是种族仇恨的大事呀！校长的脑袋是干什么吃的？

我听爸爸妈妈说过，中国曾经发生过"文化大革命"，但是斯小姐这种"欲加之罪，何患无辞"与那时的政治迫害、诬陷栽赃又有什么区别？

从老派克的办公室出来，我找到斯小姐的教室，当着她的面，我把手中的书包重重地摔在地上，用手指着她的鼻子，说："你到底是怎么样一种可怕的老师？竟然会有这么令人作呕的恶心想法！"

我知道，这是两个学期积累的总爆发。因为我和麦德对她的教学不满，对那几十页图画不屑一顾，对她让初中二年级的学生玩幼儿园的玩具来代替实验课不以为然。归根结底，因为我们知道她是个不合格的老师。当然，她比我们更清楚：木偶剧是她找来整治我们俩的借口。

校车已经走了，爸爸开车来接我。那个晚上，爸爸妈妈很认真地同我谈到 11 点多。夜很深了，麦德还打电话来，他像是哭过。我没有哭，一滴眼泪都没掉。因为我知道我正面对着我一生中最大的一次挑战。在我离开斯小姐的教室时，我曾对她说："别以为借用校长的手就可以为所欲为。记得《终结者》的电影里，阿诺·施瓦辛格有句著名的台词是什么？'I will be back'，记住！这就是我要对你说的！"

在那以后，就像发生在电影里的故事一样，我、麦德，还有班上的同学们开始为保护自己的权利寻找依据。课前课后，在校车上、在走廊里，我们广为宣传此事，许多老师和同学都站在我们一边。亨利克老师甚至挺身而出对校长说，他愿意用他的人格为我们担保……

当然，我们的父母也在思考和调查。我爸爸从教育专家的视角，就此事件向学校提出了学校教育中的严重问题。

最后的结果是，学校并没有给我和麦德停学惩罚。我被重新安排到另一个老师的自然科学课里。

听到我可以离开斯小姐的班，同学们都叫了起来："为什么矿可以离开，我们却还要忍受？"

在同学眼里，我就像电影《肖申克的救赎》里的安迪·脱范一样，像个英雄似的成功越狱，为自己鸣了不白之冤。

可怜的麦德没能换班。校长以为，麦德和我在一个班太难管理。学校也听信斯小姐的混话！这一年，我和麦德有五门课是在同一个班上的（美国实行走课制），就除了斯小姐这门课，我俩门门是 A！ You do the math（你掂量掂量吧）。

当我把这个故事写出来，我不时为斯小姐的行径气愤，又不时为自己的顽皮发笑，有的部分竟让我笑到肚子都痛了。

事情已经离我很远，但是回过头来看，我认为这段经历还是有它的价值的。现在，我也不愿再指责斯小姐，但愿她能意识到自己的错误。据说，她在短短的数年中曾换了四所学校。

是的，我从她的课堂上是学到了东西，one important thing——一个很重要的东西，甚至是唯一的东西，也就是那句美国的名言："Life is fair. It's unfair to everyone." 意思是："生活是公平的，因为它对每个人都是不公平的。"我将带着它，走完我的高中、我的大学，走进我未来的生活。

我知道，在未来的道路上，很可能还会遇到这样或那样的人，但有了这段经历，我会做到心里有数的。

# 爱的奴役
## ——英语老师爱波伦丝太太

# 爱的奴役

老师教书有着各种各样的目的和动机。显然，斯小姐只是为工作而工作。她教书的目的是养家糊口。我并不是说，这种动机不高尚。在这个充满机会的土地上，这种形式其实是生存方式的缩影。

除了斯小姐的那种类型，我在第二章里已谈到，还有另外三种不同类型的老师。其中，我称之为"爱的奴役"（Labor of love）的这个类型，是我最欣赏的老师。

什么是"爱的奴役"？想一想"奴役"的含义。显然，"爱的奴役"得不到什么眼前的利益。事实上，他们甚至可能会被伤害，在工作中会感到很沮丧。但是，他们还会坚持去做。因为在他们的内心深处有一个原动力，这个原动力不断地推动着他们向前走，不断地给予他们力量，让他们顽强地走下去。这个原动力，就是"爱"！

怎样理解"爱的奴役"？我想，最好的例子就是你同你孩子的关系。从他们生下来，到长大成人，上大学，做工作……你可能无数次地承受着来自他们的痛苦和压力（我知道，我就曾经不止一次地把痛苦和压力加给我的父母）。但父母总是会原谅孩子！是什么使你不断地在痛苦中坚持走下去？是爱！你爱你的孩子，你希望你的孩子成为一个优秀的人才。所以，你坚持着闯过难关，关爱地看着你的孩子找到自己的幸福生活。

为什么会有爱？

这是人类的天性，是母性、父性使然。

在这里，我想讲的故事不是父母对孩子的爱。这个"爱的奴役"爱的不是她的亲生孩子，而是那些与她没有亲缘关系的孩子。我想讲的故事是有关我的英文老师，我最 favorite 的老师之———爱波伦丝太太。

我从来就没有见过爱波伦丝太太生气。事实上，她从来不生气，那是因为她没有生气的缘由——没有哪个学生想让她生气。她总是想着她的学生，她不像大多数老师那样根本就不愿意在学生名字上花时间。只要她上了一天课，她就能准确地叫出全班人的名字，甚至连我的名字这种带四声的发音，都难不倒她。

爱波伦丝太太是一个"people person"。也就是说，她是一个能理解人的人。她总是试图去理解她周围的人。她只要上了个把月的课，就会知道全班每个学生的个性；知道他们爱什么，恨什么；知道他们的小典故。而有的老师（像斯小姐），从来就没想到要去理解这些。

她的课上得很有生气，除了既定的课文外，我们还有不少课题研究、小作文以及其他的内容。爱波伦丝太太总是能让我们在课堂里轻松愉快地学习。在她的课堂里，我学会了怎么样阅读，并且真正悟到了写作的真谛。

很有讽刺意味的是，爱波伦丝太太的课正好排在斯小姐的课后面。就好像同父母到一个自己最不喜欢的餐馆吃晚饭，在一个很长很无聊的晚饭后，唯一的盼望就是快点上 dessert——甜点。在斯小姐的课堂里煎熬到最后时，我总是从心里感到高兴，因为我知道下一节就是爱波伦丝太太的课。

我把这种情形称为 "the extremes"。

什么是 "extreme"？中文可以翻译成 "极端"、"极度"。Extreme 也可以用来描写一个很极端的状况。如果说，你经历了两种 extremes，这就是说你经历了两种绝对不同或者完全相反的境况。

举个例子，冬天的早上起床洗澡，冷空气和热水同时包围你，这两种极端的条件给你造成一种很奇特的感受。这正是我在上初中时的感受。在同一年里，我遇到了我一生中最好的老师，又体验了一生中最糟糕的老师。就这样，一天之内的感情变化，就像是坐在过山车里，上上下下，翻云覆雨。

爱波伦丝太太爱她的学生，学生们也都喜欢爱波伦丝太太。在她的课堂里，每个人都感到像在自己家里一样。我甚至觉得在那里，我拥有一小块自己的天地。

爱波伦丝太太为我们创造了一个非常非常舒适的环境。

在我所见过的老师当中，除了爱波伦丝太太和亨利克先生，没有哪一个是能获得所有学生爱戴的。

# 小猪和大猪

有一段时间，英语课上的是语法部分。语法非常枯燥无聊，就好像是一堆毫无味道的、几个星期前的老报纸，又乏味，又容易忘。往深处学，你会发现英语的语法有许多愚蠢可笑的例外法则。看吧：An exception and an exception to that exception and different cases where there are only exceptions to the exceptions but no exceptions to the original rule. （例外和一个例外的例外，和在不同的情况下的唯一例外之例外，但在最基本的条件下又不例外。）

糊涂了吗？烦不烦人？学这样的语法，你还笑得出来吗？

可是，爱波伦丝太太却有把枯燥无味的语法变成趣味横生的语法课的能力。在我们学习什么是明喻、什么是暗喻时，爱波伦丝太太给我们布置的作业是，用明喻和暗喻的方法写一个谜语，让全班同学来猜。谜语有一个要求，谜底必须是动物。然后，她将根据谜语的新颖性和创造性评分。

在全班同学面前念你写的东西，一定要幽默、有创意，这是关键。爱波伦丝太太当然非常看重创新能力，越有新意，得的分应该越高。

创新或创造意味着几个可能：可能是一些全新的事；也可能并不十分新，但却没人去做过的事；或者是人家意料之外的事。

这次，我决定做一个他人没有料到的事。因为，这最能表现一个人的创新精神。

先看一看我的同学们都是怎么做这个作业的。几乎每个人都毫不吝啬地用非常详细的词去描述他们谜底暗示的东西。如"美丽得就好像一只玉色的天鹅安详地在明镜般的湖面上飞翔"。如果每个人都用一样的手法，那还有什么意思呢？

麦德和我在许多事情上总是暗暗地比赛。这回彼此间都没透露一个字，但我们两人都心照不宣地把这个作业看成是又一场竞赛。看一看谁出的谜语更与众不同。

我已经有了一个有足够把握获胜的计划。

麦德先开始念他的创作："像核武器专家那么聪明，像来自索马里的超级模特那么瘦长，头发就像卖饭婆刚脱下帽子般的蓬乱。我是谁？"

同学们都转身看着我——这个105磅重、有着一头蓬乱黑发的、出名的中国男孩。笑声四起，然后大家一起叫起来："矿！"

麦德，真有你的。虽对我似有些不恭，也算你有些创意。人是哺乳动物，也算合题。

轮到我了，想出众人意料之外的东西的确具有创造性，但有时意料之内的意外效果更佳，这叫返璞归真。

看我的！

"像两只小猪那么重，像两只小猪那么脏，像两只小猪吃的那么多，所提供的零售腊肉干像两只小猪那么多。我是谁？"

这就叫返璞归真的意料之内的意外。简单，而又不一般。答案很清楚——"一只大猪!"当爱波伦丝太太第一个大声抢答后,全班同学笑成一团。

我和麦德搞的这个小小的竞赛有一点点出格,但爱波伦丝太太并没有因此不高兴。她太了解我们俩了。她知道这个小小的竞赛能给课堂增添无穷乐趣。

爱波伦丝太太喜爱这些调皮的学生!

# 烦人的3-8写作模式

　　爱波伦丝太太最拿手的是教写作。她教写作的方法与她对学生的了解紧紧相连。她似乎有一种能一语道破每个学生写作问题的功力。这当然不是她与生俱来的，而是源自她对她的每一位学生的个性的了解。由于她太了解她的学生，她知道他们想什么，喜欢怎样去写东西，他们的本意是什么……因此，如果她的某位学生在写文章时有夸大其词或偏题离题的倾向，爱波伦丝太太将会是第一个指出问题的人。她能看透每个学生的写作"命门"，并根据各自的问题逐个解决。就好像每个人都是她唯一的学生一样，让你觉得她把她全部的注意力都放在你的身上。

　　上八年级前，我并不十分喜爱写作。写作就好像那种只能在远距离欣赏的艺术。可以欣赏，但你自己绝对是不愿动手的。最可比的事要算冰雕，因为冰雕最终看起来是那样的 cool，但你却绝不能想象你自己可以做它。这就是我对写作的感觉。如果我不得不写，我才动笔。

　　尽管我不太喜欢写作，但这并不是说我没有一点写作细胞。在过去，我就注意到一件事，每次无论写些什么，拿我的和同学的比，我写的显然要比他们的超前几个"光年"。每次读别人的文章，给我的感觉就好像是在读苏斯博士的书一样（Doctor Seuss，曾获诺贝尔文学奖，写过很多有名的儿童读物，如《戴帽子的猫》、《绿鸡蛋和火腿》，等等。他的书是给学前儿童写的。每个在美国长大的孩子都读过他的书）。尽管如此，我仍然不喜欢写作，也没感到在写作上会有什么成就。但是，我现在却在写书。要说 3 年前，这是我最不愿干的事。

在爱波伦丝太太班里上课的第二天，我就听到了我已听"烂"了的 3–8 模式（3.8 paragraph）。这就是在小学和初中时所有的老师都要你遵循的写作模式。也就是说，你要用 8 个段落来表达你的 3 个主要想法或观点（开头一段，结尾一段，每个观点带两段，每段五句话）。我了解这种模式已有些年头了，现在，它已成了"旧"闻。在爱波伦丝太太之前，虽然所有的老师都要我们按照这个模式来写作，但他们从不强迫我们。我可以不按照这个 3–8 模式，同样可以写出描述生动、含义深刻、表述清晰的得 100 分的文章。对我来说，我讨厌这个模式。这个东西太无聊。

当我在爱波伦丝太太的课堂上又试我的"绝技"时，我小小地吃了一惊。我下力写了几篇我认为最好的文章，但结果还是 85 分。我真的不知道是为什么，不论是什么题目，我写出了我认为绝对是上乘的文章，但得回的还是一个大大的 B。令我更沮丧的是别人都是一串的 A。我读他们的文章，那立意、那语言，都是糟糕的"小儿科"的东西。他们的用词和他们的写作方式让我震惊，就像三年级的水平。然而，他们得到比我好的成绩。我是真的糊涂了，为什么我的文章得不到爱波伦丝太太的认可？

更糟糕的是，我这个人有太多的自傲，我不想去问爱波伦丝太太我到底错在哪里。尽管我从未把自己看成一个作家，但我感觉我至少应该得一些 A "们"。

我感觉到爱波伦丝太太似乎在敲打我自以为得意的"绝技"——词汇华丽，充满灵感，但结构不善。我从来就没有认识到一篇文章的结构会有多重要。被敲打多了，面对三个中不溜的成绩，我决定试一试 3-8 式。于是我就写了一篇空洞的、难看的、枯燥无味的 3-8 式文章。

猜猜看怎么样？

第二天，当我坐在英语课教室的椅子上时，我手里拿着一篇得 A 的文章了。

说实在的，我心里很糊涂。难道这种无聊的、千篇一律的东西真会比我那种自由的、充满智慧的文章更好吗？我又想，既然能得好分，我就不妨照写无误。从此以后，我把我所有的文章都写成完美的 3-8 式。虽然，大多数文章都能对失眠者起催眠作用，但却是结构"完好"的哟。

就在这个时候，这一学年的第二个写作激励赛到来了。这个激励赛就像一个检验整个学年学生的写作水平的测验。这是所有的英语老师唯此为大的事情。我们写的文章要送到哥伦布斯（州的首府）去给集中在那里的老师评分。为了避免偏见，每一个人的文章都要经过两个随机抽到的老师来评分。成绩从 1 分到 4 分。如果你得 1 分，就是说你完全离题，文理不通；2 分的话呢，就是虽然没跑题，但某一些方面伤害了整篇文章；3 分就意味着"文已对题"，但还有些地方与中心不够一致，还达不到完美的地步；4

分就是结构完整，论述有力，表达清晰的，或者有一点点小纰漏或者根本没有问题的文章。

六年级以来，在这种激励赛中我所得到的成绩都是在 3 分到 4 分之间，似乎是很难使得上劲儿去"点穴"。我觉得写了很漂亮的文章，应该得最高分数，但总是得回中不溜儿的成绩。

这回激励赛我感觉有点儿不同。在几个月来爱波伦丝太太的"无声的压力"下，我已经习惯去写那些枯燥的、单调的、空洞的 3–8 式的文章。但总是这样写，也太没意思了，我就是我，黄矿岩总是有点儿不安分的。我决定给 3–8 式的文章加些"料"，在那个配方中加些我的"闪光的东西"。

这个作文激励赛，要求我们先阅读一个故事：在一次战争中，有一个狙击手遇到了一名劲敌——另一个很出色的狙击手。他们斗智斗勇，最后他把对方的狙击手打死了，但却发现被打死的是他的兄弟。

我们被要求去总结、讨论这个故事关于战争的观点。

制订 3–8 式文章的大纲，我已经很"溜"了，考试中一提笔，结构就拉出来了。但这次我加进了我自己的一些有力的论述。我用一些有力度的说法和独特的词汇（那些我已几个月没有使用的技巧）把文章激活起来。最后，我交上了一篇我不太有把握的文章。

事后，我感觉不太妙，我想我又用我的"老招数"把考试弄糟了。但我又企图说服自己：这次考试并不是太糟糕。

第二天，我吃完午餐，走进教室，爱波伦丝太太把我叫住。

她笑眯眯地看着我，从书包里抽出一篇文章给我，说道："矿，你重新结构过这篇文章，是吗？"

我详细地看了看这篇文章，就是我昨天交的文章的复印件。

我犹豫地答道："是呀，有什么毛病吗？"

她大笑着说："实话说吗？这是你一年来写得最好的文章。我都读过了，没有任何毛病。"她非常满意地笑道："Good Job！"

这篇我估计要得坏成绩的文章却成了我全年写得最好的文章！

我问得有点儿傻："真的？我写的时候并不觉得它好到哪里去，我想我老毛病又犯了，加了太多'高级'的东西，也没有完全按照您喜欢的3-8式去写……"

正在这个时候，上课铃响，爱波伦丝太太要上课了。她丢下一句话："我保证当你拿到真正的成绩时，一定会很高兴。"

考试卷刚送到哥伦布斯去，谁能说得准那里的评卷老师会给我什么分？我觉得爱波伦丝太太有些不可思议。

只有到了现在，我才理解：从我的头几篇文章中爱波伦丝太太看出了我写作的毛病，诸如爱用大词、夸张、华丽、不注意结构等。因此，她一直都在无声地引导我要再从正规的3-8模式开始练习写作。她当然知道，那些枯燥的3-8式是不可能得两个4分的，她同时又知道，如果我能在我的华丽的文章里加上一些结构上的功夫，我能得两个4分。

果然，一个月后我们得回了激励赛的写作成绩，正像爱波伦丝太太预测的那样，两个给我评分的老师都写了同样的评语："结构很好，遣词造句奇妙。"两位老师都给了我4分。

爱波伦丝太太把我喜欢的讲究遣词造句的陈述和严密的组织结构融合在一起，使我在练习中发现了适合自己的写作风格，也从而使我的写作产生了质的飞跃。

那一年，我带着不同的写作风格走出了爱波伦丝太太的课堂。当我走进默乐高中，我对写作越来越有信心。因为经过爱波伦丝太太的调教，我不仅对写作有了新层次的理解，我还获得了人们新的赏识和尊重。

在我离开初中，准备上默乐高中之前，像是为了给这个 sundae（一种顶部加有压碎的水果、核桃和果汁的冰淇淋）故事的顶部加上一颗美丽的樱桃，爱波伦丝太太在我的 Year Book——年鉴书上签了如下的赠言：

矿，你是一个多么杰出的作者呀！我期待着某一天能看到你的作品出版。享受默乐高中吧，你会爱她的。

爱波伦丝太太

我实在是有点儿不敢相信，生活是多么富有戏剧性：我正在写一本书，其中还写到爱波伦丝太太怎样预言我将要出版书。

爱波伦丝太太，如果您的预言不是基于您对您的学生的真正认识和理解，那还能是什么呢？

# 调整心理的高手

看过著名的《印第安纳·琼斯》系列电影的人，一定会知道哈里森·福特。哈里森在很多动作片中扮演英雄，以至于我无法一一列举出来。毫无疑问，他是一个大明星。

为什么要在写爱波伦丝太太时提到哈里森？因为要了解爱波伦丝太太，我不得不提及哈里森，她是哈里森的狂热影迷。

你也崇拜什么影星歌星吗？好的，把你的狂热再乘上一百倍，就等于爱波伦丝太太对哈里森·福特的崇拜。

她的桌面上杂乱地放满了她收集的由哈里森扮演的角色的各种玩具小人、照片和各种小装饰物。她知道有关哈里森的一切，她拥有大量的与哈里森有关的东西。她绝对不小气，她会带上这些宝贝来学校，让同学们一饱眼福。

你一定在想，这个爱波伦丝太太是不是有点儿俗气？你错了。她这样做不只是让孩子们知道她是个哈里森迷，实则是有其深意的，背后隐藏了她的良苦用心。

这是我后来发现的。

当时，我们正面临着一个很重要的州际性的写作考试。考试题是由专业组织出的。考试的作文要送到校外去，让不相关的老师评卷。据说，是要用这种考试来检测一下各个学校教作文写作的水平。

考试即将来临的前一天，爱波伦丝太太把她的那个装满有关哈里森生平资料和小玩意儿的宝盒带到班里。她把课停了下来，让全班同学一件一件传看她的收藏。

爱波伦丝太太笑眯眯地说："今天是哈里森日，你们可以问我任何有关哈里森的问题。"

同学们开始七嘴八舌地问有关哈里森的问题：他的哪一部电影最好看？他扮演的什么角色最好？我也非常爱看哈里森的电影，自然也讨论得非常投入。

第二天考试，我忽然发现自己的心情很轻松，一点也不担心考试的事。每逢这类考试，大家都会为这种长达一个半小时，但又不着边际的写作考试担心。不知是什么原因，在昨天浪费了一节课来谈哈里森后，我竟忘了这个烦人的考试。

爱波伦丝太太了解她的学生在想什么，该怎么做，她不动声色地让我们在毫无压力、自由自在的感觉中，忘记了即将来临的考试。

大多数老师则会按惯例告诫学生："明天有个重要的考试，一定要好好考！这个成绩将决定你能不能进英语快班……"

结果往往是事与愿违，由于学生担负着巨大的压力，反而考不好。

像是对爱波伦丝太太对学生的理解的回报，我在这次考试中作文得了满分。不仅如此，在全年所有的写作考试中，我每一次都能为爱波伦丝太太争回最高分。

看得出来，她特别高兴，因为那是外校老师评的分。

在爱波伦丝太太的课堂上，我们很少感觉我们是在学校里。似乎学校的一切规定都是多余无用的，因为没有人也没有必要去违反那些规定。她为我们创造了一个非常完美的学习环境。

如果你想成为一名教师，或你已经是一名教师，不妨试一试我从爱波伦丝太太那里为你"捡"来的一点东西：理解你的学生，你的学生上学并不仅仅是来学历史、数学、语言的，他们到这里来也是为未来的社会生活作准备的。花点儿工夫同你的学生谈谈，了解他们的兴趣点是什么，他们的个性怎样……

这些努力会让你的课堂变成一个有无穷魅力，而不是令人望而生畏的世界。

你理解了学生，学生也会理解你。很遗憾，斯小姐不懂中文，大概永远都不会读到我这本书。其实，就是用英文告诉她，她也未必能理解。看她这两年的架势，还得再跌几跤。

# 你和鸡蛋，哪个出生在先？

没有一个学生想惹爱波伦丝太太生气，但是无论是学生还是老师，大家都爱围绕着她开玩笑。但爱波伦丝太太就好像一个反弹力极好的橡皮球——能迅速地把别人开的玩笑反弹回去。

我很想在我的个性武器库里也能收藏这个利器。大多数时间，我可以同别人开最有趣的玩笑。常常对别人开的玩笑也能反击得很得体、很成功。但并不是次次成功，有那么几次，我竟然让对方长驱直入，直捣老窝，彻底失败。

会开玩笑，开得起玩笑。爱波伦丝太太就是这样，从来就没有在开玩笑上失败过。

我想爱波伦丝太太之所以这么坦然地面对玩笑，是因为她知道没人会伤害她。而她又总能将"玩笑之球"很恰到好处地推向全班，让大家分享快乐。

学期快结束的一天，爱波伦丝太太忽然说："我给你们表演过我的小把戏吗？"她当然知道她从来没做过。于是，她慢慢地走向讲台前，坐在凳子上。她清了清嗓子，做了几下深呼吸。当时，大家都想，爱波伦丝太太一定会有什么惊人之举。果真，她停了一会儿，然后开始"咯咯咯"地学鸡叫。

她学的鸡叫声像极了。全班的同学都大笑起来。

当时，大家都想，爱波伦丝太太一定会有什么惊人之举。果真，她停了一会

儿，然后开始"咯咯咯"地学鸡叫。

老师开了头，同学们就顺着杆子上。大家争着举手提问，说是提问，实际上都是在开老师的玩笑——make jokes.

一个家伙问："您同斯小姐有没有亲戚关系？"

老师答："我只是学鸡叫，没有学狗叫。"（斯小姐对学生态度不好，说话声既大且凶，全校皆知。这段笑话是在暗讽斯小姐。）

另一个家伙问："你和鸡蛋哪个出生在先？"

老师答："我想纳德勒先生应该在我和鸡蛋之前。"（"你和鸡蛋哪个出生在先？"是美国一个很流行的笑话。在这里，爱波伦丝太太巧妙地加上了纳德勒先生，他是我们学校最老的老师。他很喜欢开人家的玩笑，大家也喜欢开他的玩笑。爱波伦丝太太暗指纳德勒先生年纪大了。）

下面一个问题是我问的："在到我们中学工作之前，你在哪里工作？巴纳姆，比埃利，还是瑞凌兄弟？"

老师答："不，那个地方名叫默乐。"（我的提问是暗指她曾在马戏团工作过。因为巴纳姆、比埃利、瑞凌兄弟是三个有名的马戏团。爱波伦丝太太说的默乐，就是我后来去的默乐高中。她确实在那里教过书，但她的回答戏称默乐高中是个马戏团，而她知道我已得了默乐的奖学金，巧妙地把"球"踢还给我。）

爱波伦丝太太舌战群"猴"，用她特有的敏捷、尖锐，把一个个玩笑完美地接住。当然，随着机智幽默的对话，课堂里笑声不断。

大多数老师可能会认为："我怎么做了这么愚蠢的事，惹得全班学生拿自己开心？"然后会想方设法让课堂平静下来。但对爱波伦丝太太来说，她从来就不会怪罪那些没大没小的玩笑，当然也从来不会因为开玩笑太过分而让课堂失去控制。

# 收到一阵狗叫声

圣诞节快到了，在有关机构的倡导下，每个学校都添置了崭新的电脑。尽管在学校的简介上，早就标榜"学校的每个老师都配上了电脑"，但好笑的是，大多数老师对这个该死的东西根本就不知道怎么用。

学校也是，配电脑应该与必要的电脑培训同步才对。这下好啦，老师们的电脑有问题，就抓学生的差。

大概全世界都差不多吧，搞电脑，学生比老师强。

有一天，下最后一节课，我正准备去打网球，爱波伦丝太太叫住我。她想让我帮忙把 E-mail 搞通。因为，据老纳德勒先生说，他通过 E-mail 送了一个非常非常重要的信件给爱波伦丝太太。

纳德勒先生是数学老师，七年级时我曾在他的班里上过课。这个老头也很喜欢同学生开玩笑。听爱波伦丝太太说他送来一个非常重要的信件，我心里暗想，看起来这老头不仅仅爱同学生开玩笑，说不定他在开爱波伦丝太太的玩笑呢。

我当然愿意帮爱波伦丝太太，就一口答应了她。

我对电脑似乎很有天分。老实说，除了爸爸为我指定的师傅——一位在电脑公司工作的叔叔，我周围的人还没有哪个比我强的。每次同别人谈论电脑，我都会很惊奇地发现，我所知道的东西大大地超过他们。每次碰到电脑故障，我都能发现问题，并搞"掂"它。似乎我同电脑之间有一种天然的对话。很多时候，我并没有见过这类问题，但在摆弄的时候，有病的电脑就会"告诉"我该怎么干。哎呀，我有些离题了！我想说的是，我用的是PC电脑，只摸过三四次苹果电脑，对其功能知之甚少。但我想，摆平苹果电脑应该是吃蛋糕吃豆腐一类的"小菜一碟"。

果然，我很快就把爱波伦丝太太的电脑"设置"好，并帮她搞通了E-mail。看着我在电脑上忙，爱波伦丝太太自言自语地说："重要消息……应该很重要吧？要不，纳德勒先生可该有大麻烦了！"

我在心里偷笑，一定有好戏。

打开E-mail，还真有一封纳德勒先生寄来的信。我敲了敲鼠标，忽然喇叭里传出一阵狗叫声，伴着圣诞节音乐的《铃儿响叮当》的曲子，一群狗在有节奏地伴叫。在信息栏里，纳德勒先生写道："Have a DOGgon Merry Christmas! Sincerely, Santa Claus."中文的意思是：祝你圣诞非常非常快乐！忠诚的，圣诞老人。

"Doggon"是一个美国俚语，有加重语气之意。可用于好的含义，也可用于赌咒。如果说"这个东西doggon good"，就是指非常好。老纳德勒在这里一语双关，既有祝好之意，又有戏弄之味。因为他把DOGgon里的前三个字母大写，看上去是狗的意思，加上狗"伴叫"的圣诞歌，使这个圣诞祝福变得很滑稽。

假如有一天，你的一个同事或老板告诉你：下班后留下来，有重要事情等着你。你本来应该回家，因为你家里还有不少事等着你处理。但你把这个同事或老板的话信以为真，还让另一个不相关的人也陪你留了下来。然后，你突然发现这不过是个戏弄你的笑话、一个小小的骗人把戏，你会怎么样？

看看上了当的爱波伦丝太太的反应。

她笑着说："糟糕！让他占便宜了……"然后，爱波伦丝太太反应迅速地问道："矿，你知道从哪里能找到动物的叫声吗？帮我找个牛叫声吧！"

我用了几分钟时间，终于从网上找到牛叫声。爱波伦丝太太把我下载的牛叫声又送回给老纳德勒，她高兴地说："这回他该尝到味道了吧！"

爱波伦丝太太很高兴地走了。

这时学校里早就人去楼空。为了老纳德勒这个玩笑，爱波伦丝太太和我都浪费了30分钟。

如果你想当个老师，或已经是个老师，请对自己做个小小的评估：你能在多大程度上容忍别人的"出格"行为？或你根本就无法容忍？你怎样对待这些行为？

这里有两个最好的例子。斯小姐把任何行为都看成是对她的不礼貌或挑战，所以也尽可能地"整"学生。爱波伦丝太太呢？她总是很高兴，从来就不对学生发脾气。她能容忍任何所谓的不礼貌行为。而学生呢，也就从来不想惹她生气，也不想给她的课制造麻烦。

你想成为什么样的人？你想让你的学生把你看成什么样的人？相信我，学一学爱波伦丝太太，It makes a world of difference（这会带来巨大的变化）。

# "创作"面条鸡汤的短故事

在爱波伦丝太太的班里，最大的收获是学会怎么写东西，不仅仅是写故事，还学会了写论文、写报告、写总结、写手记，学会了怎么写草稿、分段落，等等。她让我们不停地练习写作，从开学的第一个星期直到最后一个星期，我们总是不停地写。

在所有的写作中，学写短故事最有趣。

一提到学写短故事，我就想起了一个"面条鸡汤"的故事。

不知道你有没有过这样的经历：看看你周围的同学，你发现你在某个方面已经远远超过了他们中的不少人，你直想大笑。

在英文写作上，我总会产生这样的感觉。读一读某些同学的作文，就好像是我在三四年级写的东西，语法、用词、故事结构、立意构思……太令人失望了。若你找不到感觉，不妨读一读我的同班同学琼伊的文章。

先让我们来认识一下琼伊：他不是个生来就很酷的人，但他是个想尽一切办法扮酷的人。他不仅仅是想"酷"，他还想成为"酷分子"们的领袖。

但遗憾的是，琼伊天生就没办法酷得起来。他的"表演"总是出错。琼伊爱身穿 Abercrombie 牌的衣服，试图讲一口带有市区黑人口音的英语。他想把自己扮成个黑人，但很不幸，他是个地地道道的白人孩子。更糟糕的是，他浑身上下没有半个体育细胞。要命的是他讲话口吃。一个简单的词到了他嘴里，就变成"W-w-ww-word up"！最让人同情的是，他总以为他已经比所有的人都酷了，因而看不起其他人。

琼伊就是这样一个人，大家一有机会就拿他来当开心果。

故事发生在第二个学期快结束时。

爱波伦丝太太很重视写作训练。每个学期在她的课里都有几个很重要的作业。这个学期最重要的作业就是写一个短故事。

平常我做作业，只按一般的标准来，很少投尽全力，看上去不错或很不错就行了，给自己留下余地，不要成为没日没夜的"书虫"。但有时，我也会让我周围的世界都静下来，以便尽心尽力去干好一件事情。这次写短故事，我给自己设了一个很高的标准，我非常投入地完成了这个作业。十页纸，打印得整整齐齐。格式编辑、拼写检查、语法检查、复查润色……

我很为我的短故事骄傲。

爱波伦丝太太的课正好在午餐以后。午餐时，通常是一伙要好的朋友，像麦德，我，还有其他几个朋友坐在一起边吃边聊。琼伊也凑过来，他总是想成为我们中的一员。他坐在我旁边，拿出几张写得潦潦草草、乱涂乱抹的稿纸，在上面胡乱地写起来。我想这就是他所谓的短故事吧。我看看那堆乱纸，感到很不舒服。

我说："琼伊，你在干什么？"

他看了看大家，结结巴巴地说："我在——写——写我的故——故——事。"

可惜，在这里我无法描写出他模仿的那种他自以为很酷的市区黑人的口音。

"你不知道今天要交作业吗？"我问他。

他点点头，又在稿纸上胡乱写起来。这个家伙还没完成作业，想利用午餐时间做最后的挣扎。

我心里有点儿冒火，我们都很认真地对待爱波伦丝太太的作业，你竟然只用午餐时间乱写乱画！这样的人也想与我们为伍？

听说心意相通的练武者可以玩双剑合璧。许多时候，麦德和我之间不用说任何一个字，对彼此的心思都能心领神会。美国的初中没有校际间的足球赛，我们的理想是上同一间高中，两人都在足球队里打前锋，我们一定能进很多球。一年后，我们都成为默乐高中足球 C 队的前锋，我俩果然是队里进球最多的队员。这是后话。这次在整治琼伊的问题上，我们也是心有灵犀一点通。

麦德和我同时都想到了一点：琼伊不尊重爱波伦丝太太，没有给予她的作业以足够的重视。这实在对不起爱波伦丝太太。她为了教我们付出了很多，琼伊的行为一定会伤了她的心。在那一刻，我们俩的心灵感应来了，相互间的默契立即产生。嘿嘿，我们要让琼伊知道他干错了什么。

琼伊边吃边写着他的作业。显然，琼伊不是那种在压力下能正常工作的人。越急越见鬼，他不停地撕掉写错的稿子。他试图去平衡吃和写的矛盾，但他不断地出错。

能把功课放在最后一分钟来完成的诀窍是要心静如水，一定不能慌乱。琼伊当然不懂这个窍门。就是懂，他也做不到。

琼伊手忙脚乱，又要吃他的鸡汤面条，又要写他那"楚楚动人"的故事。

我用挖苦的口气说："哎呀，琼伊，你真能干，故事写了三页纸，你怎么能写这么长呀？"

琼伊的反应有点儿慢，他突然明白我是在挖苦他，他叫道："住口！"

麦德半笑不笑地劝道："哎，琼伊，快，快，快，别把时间浪费在叫嚷'住口'上啦，你还没完成作业呢。快写，快写吧！"

这回琼伊反应奇快，他突然转向麦德，同样叫道："住口！"

又要吃，又要写，又要一会儿对这个叫"住口"，一会儿对那个喊"住口"，够他狼狈的了。

我突然压低声音说："哎哎，爱波伦丝太太来了！"

琼伊以最快的速度抓起稿纸迅速藏到桌子下面，回头四处张望。他很紧张，生怕被爱波伦丝太太发现他在午餐时才赶做作业。

我说："噢，对不起，我看错了，不是爱波伦丝太太，是个清洁工。"

琼伊没发现爱波伦丝太太，他既松了一口气又更生我们的气，脸上的"青春美丽痘"似乎下一秒钟就可能爆开。尽管如此，他一直没忘了吃他那罐浓浓的鸡汤面条。

忽然，麦德站了起来，嚷嚷道："到时间啦，午餐结束了！"

看着我和麦德都站起来要离开的样子，琼伊的眼里露出惊慌，

很犹豫地也跟着站起来……在他发现上当想快速坐下来时，他的
手正好压到那鸡汤罐的边上，把鸡汤罐弄倒了，又浓又油的汤流
到桌上、地下，到处都是。琼伊手忙脚乱地想把罐子扶正，一个
不小心，又把他的那几张稿纸碰落了一地，正好掉进一摊鸡汤里。

大家哈哈大笑，笑得脸都红了。

琼伊冲着我们大叫了一声："住口！"

他不叫还好，这一叫，我们笑得气都喘不过来了……

他气呼呼地低下头去捡餐桌下的稿纸。这时，麦德给了我一
个很熟悉的眼色，我知道他准是想干点什么出格的事。他做出一
副清理桌子的样子，把桌面上浓浓油油的鸡汤往地上擦，正好都
洒在琼伊的头上。

琼伊从桌下跳起来，一个不小心头又碰到桌角，弄得鸡汤四
溅。这时餐厅的人都在看着琼伊，他和他的"短故事"都在滴滴
答答地流着鸡汤……他的狼狈相惹得大家哈哈大笑。

琼伊转身向着我，大叫"矿！"，他根本没看清是谁搞的恶作
剧，抓起一把面条向我扔来。

琼伊没有半点运动细胞，那把面条丢得离我还差一里远，但
正好丢在我的朋友克瑞斯的脸上。

我笑得直不起身来，几乎岔气……

琼伊手上抓满了面条，准备再次向我攻击。这时一个老师走
了过来，喝道："琼伊，你干什么？"

琼伊开始抽泣，眼泪和鸡汤一起从脸上流下来："矿把鸡汤洒
在我头上……"这时，他故意装出来的酷劲儿没有了，他那故意

学的黑人口音也不见了。

麦德站起来说："不是矿搞的，是我。"

我指着克瑞斯说："琼伊把面条扔到他脸上。"

老师看看我们几个，一时也不知罚谁好。他看看一地一桌的鸡汤，生气地说："你们要赶快收拾干净，否则都要被惩罚。"

看到这，你可能会认为我们也有点儿太过分了。现在事情已过了几年，回想起来，确实是太孩子气了！但当时只觉得琼伊太对不起爱波伦丝太太，老师花了九个星期教我们怎样写这个作文，你琼伊竟如此儿戏，不把老师付出的心血当回事，该罚！

午餐后，紧接着是爱波伦丝太太的英语课。大家都坐在座位上等老师，琼伊最后一个进教室的。

全班人的目光都集中到他身上。

哇，鸡汤的油加上他原有的头油，都油光光地结块了！

同学们开始一个个开起他的玩笑来。

"琼伊，对不起，你最好戴顶帽子，我的墨镜给忘在家里了。"

"哎呀，琼伊，你在哪个发廊'焗油'？这种新款式，能不能介绍一下？"

"琼伊，我看你是把头发放在油锅里炸了一下吧？"

……

同学们的笑话一直到面带微笑的爱波伦丝太太走进教室才停下来。

爱波伦丝太太喜欢让同学们相互交流，所以每个人的短故事都要给在班上随机抽出来的三位同学阅读，评价，打分。同学给的分占 50% 的成绩，另外 50% 则由爱波伦丝太太评定。当然，这种做法并不意味着你可以任意乱给分。你需要写上评语，说明为什么你要给这个分，还要签上你的名字，以示对这个分数负责任。如果你的理由不充分，爱波伦丝太太会把你给的分改掉。爱波伦丝太太建立的这个评分系统，既让学生当"小老师"，通过评价他人来比照自己，以取长补短；同时又防止同学们用相互间关系的好坏来作为评分的基础。

像是命运的安排，爱波伦丝太太递给我的第一份短故事就是琼伊的"杰作"，上面还带着鸡汤的痕迹——被鸡汤浸湿后褪色的字迹和浓烈的鸡汤味。我抖了抖手上的这几张稿子，还有渣子往下掉。拿着这个稿子，我极力控制自己，但还是忍不住笑起来，越笑越失控，我笑得从凳子上跌了下来。

爱波伦丝太太走过来，问道："什么事这么滑稽？"

我听到琼伊在教室后面大声喊道："矿，住口！"琼伊当然不愿我对爱波伦丝太太说明事情的原委。想来我们整治得他已经够苦了，还是放他一马，给他留点余地，就让爱波伦丝太太自己去猜这个永远也猜不透的谜吧。

我没有给老师任何解释。

但是，琼伊写的故事，简直糟糕透了。一个三年级的学生写的文章，可能都要比他好得多。我知道，爱波伦丝太太一定不会给这篇满是鸡汤的短故事什么好成绩的。我心底里有点儿为琼伊感到难过。其实，即使琼伊有充分的时间，他也写不出什么好东西。因此，我为午餐时对他的作弄又有点儿内疚，我很宽厚地给琼伊打了个 80 分，并写下一段评语：

"琼伊，你的故事很……有趣。这个有趣嘛……表现在很多方面。这个故事有不少好的、有意思的想法。但是，我认为你应该在描写和细节上再多下些工夫，在情节和结构上也需要多斟酌。我知道人都有做得不够的地方，这就是为什么我给你 80 分的原因。不过嘛，说实在的，我很爱鸡汤面条。"

现在长大了，回想这个孩子气的闹剧，是有些内疚。但那毕竟是记忆中我参与"创作"的最滑稽的"短故事"，也是我在爱波伦丝太太班里所干过的最孩子气、最淘气的事。

# 美式"老顽童"
## ——美术课老师罔达修士

别忘了，默乐高中是一所有名的天主教会学校。同一般的学校相比，它除了是一所私立学校以外，学校的老师中还有一群很特殊的人——brother，修士。"brother" 译成中文是"兄弟"的意思。其实，我们学校里的修士同电影上看到的那种穿着黑袍，住在教堂里，每天粗茶淡饭，终日祈祷的修士不太一样。他们的生活看上去应该更像那些不住在庙里的和尚。他们一生都不结婚成家，不能有私房钱，他们工作的目的不是为了钱，如果在工作中赚了钱，他们要同所有的"brother"分享他们的所得。他们的一生都无私地献给他们信奉的上帝。天主教的 Marianists 是由那些甘愿为上帝、为圣母玛利亚奉献一生的人组成的。世界各地都有他们的分布。

默乐，就是一所天主教的 Marianists 高中。

# 不是一个"老和尚"

想一想，有这么个人，他很不一般，甚至有点儿反常，但很酷！你无法想象，如果你没有机会认识他，你的生活会是什么样？如果上帝存在的话，你会从这个人身上体会到上帝的幽默感，他还会对你的生活起着重大的影响。

如果在你的周围找不到这样的人，就请到默乐高中来，到我们的美术班来，我让你认识一下我的美术老师——罔达修士，一个69岁的老修士。他同另外8个修士一道住在默乐高中的校园内。算起来，他在默乐已经教了30年美术课了。

真的，我可以坐下来同你聊几个小时的罔达修士的故事，保证让你边听边笑。我同爸爸读金庸的小说，小说里那个让人捧腹的"老顽童"是个道士。而我身边的罔达修士则是美国版的"老顽童"，但他是个有血有肉的真人。

想象一下69岁的"老和尚"，一定是不苟言笑、德高望重、深沉如海……这就是上课前我想象的罔达修士。

上美术课的第一天，看着眼前这个相当老的老头儿，跳进我脑海的第一个印象：这是个软硬不吃的老头子，和课前想象的"老和尚"差不了多少。就在我还没有来得及再多想时，一个高四毕业班的学生走进教室，见到冈达修士，他亲热地抓住老头子，要同老头子摔跤。冈达修士在那个高大壮实的高四生的后脑勺上回了一"拳"，然后，俩人都哈哈大笑。这种父亲和儿子般的关系从此深深地印在我的脑海里。

从那一刻起，我看到了一个真正的冈达修士，一个 69 岁的老人，却有着 12 岁孩子灵气的老人。

大约几个月后，我发现我和冈达修士的关系也已在不知不觉中达到了"忘年"的地步。

我在他的课堂里学得很好。每天我出出进进地跟他开着玩笑，而他也进进出出地开着我的玩笑。

有一天，我忽然决定要同这个"老顽童"好好比试一下，看谁的嘴上功夫厉害，看谁能在开玩笑中占上风，当然只是为了好玩。

我走进教室，装出一副很不高兴的样子，说道："冈达修士，我简直是太讨厌画画了！今天我什么都不想干。"

冈达修士正在办公桌前干着什么，他头也不抬，说："这个借口你上个星期才用过，不灵了，干你该干的事去吧！"

我又继续装下去，说："是真的，冈达修士，我在这整个一年中，什么都没有学到。"我想搞得老头子生点气。

他笑呵呵地抬起头来，问道："难道你们的惩罚课老师没有教你什么东西吗？"冈达修士的意思是：你不好好学习，尽挨上惩罚课，当然没学到什么了。那可不是我管的事情。老头子正话反说，真是够机灵的。

斗嘴的第二个回合，我又败下场来。2 比 0。

我马上反驳："事情并不是这样，主要是我的那个爱胡说八道的美术课老师有问题。"

罔达修士摇摇手，说："这可不是我的问题。我又不会说外语。"

听到这里，全班同学都拍手大笑起来……

一个 69 岁的老修士同一个 15 岁的中国男孩斗嘴玩，这场戏可不是每天都可以看到的。

我往椅背上一靠，说："总之，我今天是不想干什么了，美术不适合我。"

罔达修士转过身来，一脸正经地说："矿，你还记得上次你说你不想画画了，发生什么事了吗？"

我继续装傻，跟着他耍贫嘴："哇，美国海关警察不会来吧。"

他很缓慢、很庄重地说："这一次呀，你说的那个老顽童要来打你屁股！"（他竟然还记得我对他说过的中国老顽童的故事。）

听到这里，全部同学都停下了手中的画笔，笑得倒了一片。

我装出得意的样子，指着大家说："罔达修士，你看看，还是我赢了吧！这下子可是没人画画啦！"

他向四周看了看，做出一副无所谓的样子，但用手敲敲桌上的成绩表，说道："谁知道呢，50% 的成绩，可能并不利于你将来当毕业生的代表演讲'告别辞'吧……"

我大笑，叫道："好啦，好啦，算你赢了。我开始画画就是了！"

# 画下你的手

说我从冈达修士的美术课上没有学到任何东西，这绝对是我在同冈达修士开玩笑。其实，我在这一年中学到的东西，要远远超过我过去所有的美术课的总和。

默乐高中的美术教学很有名气，美国每个有名的美术院校都有从默乐美术班毕业的学生。冈达修士支撑着默乐美术教学的大厦。他是我所遇到的最好的艺术家。他是那种把全部身心都投入到艺术里的人。就像他知道怎样能制作出一幅真正的画一样，他知道应该怎样去培养一个真正的美术家。从他那里，我学到了许多从别的地方学不到的东西。

要想进默乐的美术班，那绝不像进公园那么容易。这个班很有名气，是培养美术家的摇篮，因此筛选学生十分严格——冈达修士是在寻找未来的美术家。

每一年新生入学，冈达修士只招收 30 个学生。要进这个班，你必须要通过一个冈达修士特别设计的美术考试。因为他要看看你身上是否潜藏着美术家的特质。据说，这个考试已经持续了30 年。

我通过这个考试的故事，说起来很有些意思。我是在最后一分钟才决定参加默乐的入学考试的。当时，我还有半个学期就要从初中毕业了，我的朋友麦德约我一起去考私立的默乐高中。那时，我对这所高中一无所知，因为我是准备上公立高中的。当然，我爸爸妈妈也都不了解这所学校，默乐是一所天主教会办的学校，我们又都不信教。是麦德拉我去考考好玩的。考试那天，我问妈妈要了 10 元考试费，带上了两支 2 号铅笔就去了。那天考的是英语和数学。

几个月后，学校发榜，我竟然"金榜题名"，还得到了学校颁发的奖学金。按照学校的规定，想上美术班的学生，在参加入学考试的那一天必须参加美术考试。因为我是临时参加考试的，当然对这些规定一点都不知道。

由于得了奖学金，再加上斯小姐的恶行破坏了公立学校的形象，爸爸妈妈才认真考虑送我上私立学校。待我们决定上默乐高中，开始制定学习计划时，我才第一次听到默乐的美术班。

那天，爸爸妈妈陪我去见我的学习咨询顾问，那是新生入校的常规。学习咨询顾问要根据每个学生的具体情况，同家长和学生一道为每个学生制订一个完整的课程计划。

学习咨询顾问问我："你喜欢选修什么样的艺术课呢？你可以参加合唱团，也可以选修艺术课……"

所谓艺术课，实际上就是艺术欣赏课。在这门课里，你可以学到艺术史，学会如何欣赏戏剧、音乐。

这种课不适合我，因为我不具备唱歌的艺术细胞，尽管我爸爸好像很有这方面的天赋，他的歌唱得非常棒。但很遗憾，我没能从他那里继承哪怕任何一点这方面的基因。合唱团和艺术课，我都没兴趣。

"难道你们没有美术课吗？"我问学习咨询顾问。他笑了笑，告诉我这个班已经满员了。

怎么可能呢？新学年才刚刚刚开始呀？

学习咨询顾问简要地介绍了罔达修士的美术班的情况。但要进入这个班，必须在入学考试时参加并通过这门课的考试。现在美术班的筛选工作已完成，这时才提出这个要求，已太晚了些……

我酷爱美术，失掉这么好的机会，真让我感到遗憾！

爸爸妈妈力陈我的美术天赋，请求学习咨询顾问向学校反映我们的要求，希望能给我一个补考的机会。

两天后，学校同意补考。一星期后，收到考卷。

美术考试卷，文字题似乎没有太特殊的地方，拿起来我随手就答了。倒是"应用题"看上去有点儿名堂，一共有六道"应用题"，看来是考我的想象力和创造力。

下面举例说明几道要费些脑筋的考题：

一张纸上，零零乱乱地画着一些似乎是随手涂抹的线条。让你接着完成它，并定出一个主题。我左看右看，最后把那些线条连成一个头发、胡子乱蓬蓬的侧面人像。在那个人像的鼻子部分多出了几笔来。我灵机一动，把那几笔画成个小小的蝴蝶停在这一个人的鼻子上。标题就叫做"灌木人与蝴蝶"。英文中，有把住在丛林中的部落叫成"灌木人"的，"灌木人"乱蓬蓬的头发胡子，让蝴蝶误以为是停在灌木上。怎么样，这一题做得还不错吧？

另一张画里，画着几个椭圆形的气球类的东西，也是要求你完成这幅画，并给个题目。如果画成一组气球在天上飘来飘去，看上去会很俗气，那是"还珠格格"的水平。想了一会儿，那组飘来飘去的球状物在我的眼前变成了太极拳中的推手。我马上在每个球旁边加上几个飘动的小圈，一圈圈不同方向的变化就像行云流水似的推手。我看过《太极宗师》的电视剧，也自学了几手太极拳。我以为这幅画实在是点到了太极拳的脉搏，就起名叫"太极"吧。只是希望美国老师能知道什么是"太极"。

还有考配颜色、构图和素描的题。素描是要求把自己的手画下来。我画了一个 OK 的手势。也算是自己夸自己吧。

我也不知道到底老师想看什么，也不知道其他的孩子考得怎样。其实，揣摩老师的心理和喜好去作画，那还有什么"艺术家"的风骨？

反正不想那么多，我尽了自己的努力就行了。听爸爸说，那是中国人说的"尽人事，听天命"。

试卷寄出后，我就想：这个"天"是谁呀？

一天一天地在等结果，一个念头一天比一天强：既然默乐的美术班这么优秀，我就下了决心，一定要进这个班。没有我的参与，这不是一种遗憾吗？这个班怎么能算优秀呢？

一个星期后，我接到了录取通知。高兴了好几天。

事后很久，我才从罔达修士那里知道，看到我的考卷后，罔达修士决定从已定的学生名单中除去一名，把这个名额给了我这个后到的中国小子。看起来，他也一定懂一点"太极"吧！

# 我没有教你们，是你们教会了自己

到底是什么东西使得默乐的美术课这么不同凡响呢？我的意思是，在这一年一年不断地向全国高校输送优秀的美术生源的背后，有没有什么不为人知的秘密？

要说秘密，就是因为有了一个神奇的冈达修士。他创造了一套很独特的教学方法。他的方法非常与众不同，根本无法归纳为什么类别。

他很少教我们。大约一个星期有那么一次，冈达修士会向我们演示些"东西"。但是，他从来就没叫我们跟着他画。他从来就没有坐下来，手把手地对我们进行过技术指导。

冈达修士总是说，技术或技巧的东西根本不能教。因为每个人都是不同的，每个人都有自己的风格和特征。一种特定的技术或技巧，不可能适用于每一个人。硬要教的话，就会使一个人失掉了自己的独特性。

试从这个角度去想一想：假如你是上帝，你正在设计地球上所有的动物。如果你把所有的动物都设计成使用同样的方式去跑步，那世界就单调得没意思了。假若一只豹子跑步就像个人似的用两只脚站立起来跑，豹子的全部特征、长处和能力都被限制了，那豹子还成其为豹子吗？豹子就是豹子，人就是人。世界都"一体化"了，世界还成其为世界吗？

阁达修士在向我们示范画画时，他不喜欢说"你们应该这样做……"或"你们应该注意不要这样……"，他只是告诉我们一些大的原则，对关键的技术性东西，他让我们自己去摸索，自己去找到自己感到最适合的方法。

他最有名的理论是："我没有教你们什么，是你们教会了自己"。

仔细想想，是那么回事，确确实实是我们在摸索自己的技巧，从而形成自己的特征。

# 艺术家的"眼力"

班上有不少同学认为，美术仅仅是技巧和表现形式的结合。然而，冈达修士提醒我们：人使用的技巧和表现形式可以给艺术一定的升华，但是一个艺术家必须具备艺术家的 vision——"眼力"。一个好的艺术家或画家不一定要有一双敏感、灵巧的手，但他们一定要有那种能很好地"看"东西的独到的、超凡的"眼光"。

必须要有这种"看"艺术的目光，才能创造出艺术品来。

当你能达到"眼光"清晰的层次和段位时，你就能看清楚你画什么，此时的实际操作也就不是什么困难了。说得极端一些，只要有了这种艺术家的"眼力"，不用手，仅用脚也能画出好的画来。

那么，是什么使得冈达修士如此特别、如此与众不同呢？就是因为他创造了一系列特殊的教学方法，去培养我们独特的艺术目光。

开学的第一个星期，我们什么画都没画，冈达修士只是让我们不停地做呼吸运动、思维运动和肢体的伸展运动。我们很像一群练内功的小和尚，坐满了一个教室，用45分钟的时间跟着冈达修士学怎么调息、静心，随着他的口令，一呼一吸，一吸一呼……用冈达修士的话来说，是让我们学会在画画之前静下心来。

远离浮躁，是进入创造境界的第一步。

刚开始，我觉得很好笑，甚至有点儿滑稽。

后来发现罔达修士的理论，其实同中国传统的内家功夫相通。金庸的小说里，有个叫张三丰的，年幼时在少林寺同觉远大师学内功……

我想罔达修士一定也看过金庸的小说，要不为什么他对这一套那么熟悉？

把罔达修士同觉远大师连在一块儿，很有点儿意思。

培养我们的"眼力"，罔达修士还运用了"轮廓线训练"法。

轮廓线训练就是练"眼光"的方法之一。即每看一样东西时，都要一下子就抓住它的轮廓线，并能准确地画下来。

也就是说，把看在眼里的外界的东西，迅速地转变为心中的画。外界事物的"线"只存在画家的眼里，线是画家对事物观察的结果。

不信？你看一看你的手指，淡化主体部分，只留意轮廓线，你就可以"看见"各种线形成了你的手指的形状及纹路。

开始时，罔达修士在课桌上放个东西让我们画出它的轮廓线。

这有何难？许多同学不以为然。

有趣的是，他不让我们用铅笔来画。他要求每个人都要用彩色笔来画。这下可好，如果你画错了，你的"线"就会永远留在那里，擦也擦不掉啦！

要准确地画出一个东西来，你就不得不试着画很多的线条。于是，你的所有错误都毫无保留地展示在你的眼前。

我们就这样用彩色笔画轮廓，整整搞了半年。鞋子、书包、植物、烂毛巾……总之，是一切有着很多轮廓线的东西，一切阁达修士能想出来的东西，我们都画过。

为什么要没完没了地画线呢？

因为线构成任何一种我们可以看见的事物。当一个东西的轮廓进入你的视线，你就看到了"线"。

线，对画家来说真是太重要了。

阁达修士当然是知道这个的。所以才不管我们怎样抱怨轮廓线训练，怎样痛恨无聊的千篇一律的"线"，他总是让我们一做再做。

在我们开始真正进入绘画的细部的时候，阁达修士又开始"搅乱"我们的轮廓线训练了。

有一天，他拿来一幅毕加索的名画。这是一幅有很多"线"的画。有趣的是毕加索当年是把一个正着坐的男人倒着画出来的，现在阁达修士要求我们正着把这幅画画出来。

在我们眼前的这幅画，是个男人坐在一张椅子里。不过，现在他是头向下，脚朝天。

按照阁达修士要求，我们要把它复原过来，让这个男人再堂堂正正地坐稳。阁达修士在我们动笔之前只说了一句话："你看见什么画什么。"

这样画画真让人难受。35分钟后，阁达修士说："好了，停下来。把你们的画翻转过来，同毕加索的比一比。"

大家看了看自己的画，都禁不住大笑起来！因为，每个人的画都画得一塌糊涂——absolutely horrible。

如果你有时间，你也可以试一试。找张画倒挂起来，再把它正着画出来。我敢向你发誓，你一定会大笑不已，被自己的"杰作"惊呆。

阅达修士说："我告诉过你们，看见什么画什么。但是你们这些家伙画的只是你们想象中的画，而不是你们看见的画！"

大家全都糊涂了，没人明白阅达修士在说什么。

于是，阅达修士又给我们搞了另外一个练习。

这个训练，我最喜欢。在很久以后，我才明白，阅达修士在这些训练中是要帮助我们发展、培育"艺术家"的"眼力"和"思维"。

阅达修士很郑重地说："这是一个很重要的练习，我不希望有人偷懒、作假。举起你那只不拿笔的手。如果你用左手，就举起右手。好的，让你的目光保持在这只举起的手上。用你的另一只手来画画，但不要看你的画……"

这个练习的精髓在于：不是在练习怎样用你手中的笔，或者怎样动你的手。关键是在学怎样通过"艺术家"的"眼力"把现实的事物转换成自己的想象，然后再变成自己的画。

现在我们可以来试一试，做个有趣的试验：别看你的纸和笔，你的眼睛只能盯着你要画的目标。然后慢慢地扫描那些轮廓线，把这些线通过你的大脑，送到你的另一只不在眼睛帮助下的手，再把你脑子里的"线"画下来。

你一定已经猜到了，没有眼睛的控制，画出来的画一定很糟糕。

　　不过，我可以肯定，即便是一个黑猩猩都会比我们班上的一些家伙要画得好。至于我呢，画的还不错，至少看得出我画的是什么。比起那些"鬼画符"来，我的画当然要好得多了。

　　一天，就在做这个练习的某一刹那，我忽然悟到，90%的艺术是在你的头脑中。Art is nearly completely mental skill——艺术几乎完全是一种头脑里的功夫。

# 苹果与橘子，哪个好？

对于一个想成为画家的人来说，创造性和画技，哪个更重要？

这个问题在我出生前的几个世纪就开始争论了。在这里，我只是为这个争论加上我的"两分钱"。我认为这个争论很可笑。问一问你自己："苹果和橘子，哪个更好？"我可以用我的全部财产同你打赌，你根本不可能得到一个正确的答案。

为什么？因为根本就没有一个正确的答案。这只是一个观点和看法——opinion。是的，你喜欢苹果，但另一个家伙可能喜欢橘子。你可以使用你的全部生命和时间去争论，但你得到的结论只能同你开始的论点一样。

观点和看法，没有对错之分。但是人们可以有赞成、有反对。通过"赞成"或"反对"，我们可以辨别大众的一般选择，但我们绝不可能得到一个每一个人都认同的论断。

这些东西同我的高一美术课有什么联系？看下去我相信你会发现其中的缘由。创造性和画技同时存在，有时会有人把两者混为一谈。这自然不能是谁的错。这两个东西确实容易使人混淆。与其去比较它们，去决定主次，不如认同二者都重要，缺一不可。没有很好的画技，创造性根本无法表现；只有画技，而没有创造性，你又根本没有与众不同的特性可表现。

让我比较一下两个最著名的画家达·芬奇和毕加索。

达·芬奇是我最喜爱的历史人物之一。他不仅是一个杰出的画家，还是一个数学家、科学家、发明家。他的存在推动了整个世界文明的发展。他的各种各样的才能，让他同时代的人根本无法比拟。特别是他的绘画才能，使他在文艺复兴时期独树一帜。

达·芬奇最著名的两幅画是《最后的晚餐》和《蒙娜丽莎》。亲爱的读者，你们一定都看过这两幅画。如果你能仔细地回味一下，你会发现达·芬奇的画技登峰造极。那两幅画简直是画得太完美了。但是从达·芬奇的画中，你会发现一个共有的特征：没有更多的创新意识。

现在，再让我们来看一看另一个画家毕加索。在现代美术世界里，毕加索的名字就像迈克·杰克逊在现代音乐世界中的地位一样，这个人是现代美术的开创者。他向我们显示了什么是绘画艺术的本质。看一看毕加索的画，你会发现，他之所以著名，是因为他那些大胆的反传统画法的绘画。事实上他的画技表现得很有限。有的画只有些很简单的图案和一些弯曲的线条涂抹在画布上，但是却价值数百万美元。即便是他的所谓真正的反映他特色的代表作，也都是看起来很简单的，但却不可思议地具有新意。

如果把达·芬奇和毕加索的画并排放在一起，你一眼就可以看出它们的不同。他们的画表现出各自的追求。达·芬奇的画技登峰造极，而毕加索的创新不可思议。

那么，这些东西与我在默乐高一的美术课有什么关系呢？

# 发动机——创造力

　　罔达修士明白在未来的艺术之路上，他的学生将需要些什么。因此，他安排我们在艺术路途中一个叫做"创造力"的旅馆里停一夜。他要让我们明白创造力对一个艺术家来说有如生命一样重要。

　　罔达修士花了两个星期的时间，让我们明白什么是创造力。

　　创造力是一个先天的礼物。有的人的礼物大些，有的人的小些。但这并不意味着创造力不能在后天的生命中发展。打个比喻，先天的创造能力就好像是个盒子。天生的能力有大有小，就好像盒子有大有小一样。当你有意识地去培养、发展你的创造才能，你的创造能力的盒子就会装进更多的东西。当你能够充分地认识自己的能力，并发挥到极致，你的创造力的盒子就是满的。

　　事实上，可能有的人天生就带了个比你的大得多的盒子。但这并不重要，真正重要的是你后天的努力。努力地培养自己的创造力，你的创造力的盒子就会装得更满。一个装满了的小盒子，要比一个空荡荡、轻飘飘的大盒子更有分量。

　　在默乐的美术课里，罔达修士安排了很多时间去帮助我们发现自己的创造能力，去砥砺我们的创造能力。

　　罔达修士是这样描述创造力的。他把创造力比做一台引擎、一部发动机，要经常使用它，并且注意保养它，这样当你需要时，它就能在压力下工作得更好。但是，如果你把你的汽车丢在雪地里几个月，车的引擎就很难发动得起来。

培养和锻炼我们的创造力，罔达修士有着五花八门的方法。

例如，有一个方法，我叫做"大脑预热运动"。

罔达修士发给我们每人一张白纸，然后告诉我们在5分钟之内，写出所有你能想到的以"三"开头或与"三"有关的事物和概念。当然是写得越多越好。

如果你有兴趣，我们可以试一试。好了，准备好……开始计时，别作弊！不能借助书或其他东西。5分钟内，看你能写下多少个？

这是我写出来的：三、三百三十三、三个滑稽人（Three Stooges）、三角形、三轮车、三角形的边、三角形的角、三角器、三角尺、三棱柱、三和弦、三角凳、三级跳、三倍数、三人赛、三极管、三位一体、三重唱、三翼机、三色旗、三块奖牌（金、银、铜）、三角旗、三行诗、三胞胎、三套间的公寓、三脚架、三执政、三驾马车……

大部分人在5分钟内可以写下20~30个词。当然，这里说的是英文，你完全可以试一试用中文来写。这种方法简单易做，是一个很好的大脑预热运动。

# 画个外星人

有一天在课堂上，罔达修士让我们做了一个有趣的练习。

他先给我们交代背景：一天，你从学校回到家，你走进厨房。突然，你发现一个外星人在你的厨房里……

罔达修士说：“好了，现在我给你们一人一张纸。”他把纸发给我们，然后继续说道：“请你们给这个外星人画张画。这张画要画出外星人正在做什么，最好还能表现出他为什么来这里。我只给你们5分钟的时间。”

这个练习看起来很容易。不是吗？你可以用1分钟的时间来试想一想，你应该怎么画……

好的，先看一看我的同学们的杰作。有的同学画了个长得很恐怖的怪物正在吃东西；有的同学画了个大头、大眼睛的外星人手里拿着一支激光枪……他们满脑子都是卡通片或电视剧里的东西，这个前提就不具创造性，而且他们又太在乎绘画的技巧，忘记了这是个培育“创造力”的练习。

罔达修士在班里来回走动。看上去他并不满意他的学生们的“杰作”。

同学们都在很仔细、很认真地绘画或涂涂改改……

我提醒自己，这个练习应该是表现自己的创造性，而不应该过分注意技巧。于是，我决定用我的左手来画这幅画。我左边身体具有猴子般的运动能力，但我不能用左手做任何细致精巧的事情，如写字、画画等。不过，用左手画个简单的圈呀、线呀什么的还是可以的。

光看技巧，我的这幅画可能是全班看上去最差的。没想到吧，正是这幅画却让老冈达着实高兴了好一阵子。

猜猜看，我是怎么构思这幅画的？我都画了些什么？

我没有画那些带枪的丑怪离奇的外星人，我画了个很可笑的老冈达的画像：老冈达站在厨房里。而这个画面，是以一个人的视觉角度来构成的，这个人看见一个外星人站在厨房里，而这个所谓的"外星人"不是别人，正是老冈达。

整幅画的构思是：这个人喝醉了，走进厨房，看见老冈达，就误以为老冈达是外星人。

冈达修士先是皱着眉头看我用左手画的这幅画，随即因为立意和构思太独特，超出了他的想象，一边摇头，一边大笑……看那样子是"又好气，又好笑"，只有我知道，他心里是怎么想的：他一定想拍我的屁股一板！

# "画"字

又有一次，阆达修士改变了一个方法。他给每人一张纸，要我们在纸上画上 6 个一寸乘一寸的小方格。

他接着又给了我们一串词，阆达修士说："我要求你们从我给你们的这一串词中，选出 6 个来。然后，根据词的意思画成 6 幅图画。这个练习的关键和难点是不能用任何一个词，但又能让我明白你们画的是什么。"

老阆达念了一串词：Egypt（埃及），New York（纽约），War（战争），Love（爱），Florida（佛罗里达），Happiness（幸福），Lost（失掉）……他给我们 10 分钟时间去完成这 6 幅画。

听完老阆达的说明，我想，按一个个词来画 6 幅图，实在很可笑，很落俗套。我要找个与众不同的方法来完成这个练习，找个最能显示出创造性的方法。

你也可以来试一试。去找张纸，画 6 个一寸见方的小格子。然后试着画出 6 个词来。记住，不能用这个词。再把你的大作交给一个朋友，让他猜一猜，你都画了些什么玩意儿。怎么样？不太容易吧？

如果我告诉你，我只用了 40 秒钟就完成了这 6 幅"图"，而且让人一看就明白全部的含义，你相信吗？

　　既然是不能写出这些词来，那么我就"画"出来好了。第一
个图我选择了"埃及"——Egypt。提到埃及，大多数人很可能会
想到去画金字塔，画斯芬克司等有代表性的东西。当然，这就需
要用一个相对长的时间来完成。

　　我的"图"简单极了，在小方格里，我画出了这样一串字母：
ExGxYxPxT。

　　在"埃及"的英文单词"EGYPT"的每一个字母后面加上一
个"X"，就成了"ExGxYxPxT"。这当然不是一个词！从任何一个
字典上你都没法查到这个词。但它的意思又是一目了然的。任何
一个懂英文的人都能理解。

　　从逻辑上讲，"ExGxYxPxT"或"FxLxOxRxIxDxA"，等等，都
不算是词。因此，我就没有违反"不能写这些词"的规定。既然
不是"词"，就可以当成是"图"。许多中国字不都是一幅幅的小
图画吗？爸爸讲授《汉字源流与文化人类学》一课时，不是也向
他的学生们展示过由图画构成的中国字吗？

　　我的中国文化背景，启发我另辟蹊径，以如此不同的途径地
去理解"图"。加上只用了40秒钟就完成了所有的"图"，再看看
我的邻座正在为如何表现"失掉"而痛苦地挣扎着，我很为自己
的创造性得意了一阵子。

　　冈达修士看见了我的"创造"后哈哈大笑，敲敲我的头，说
我有点儿"出格"。

　　可不是吗？都在冈达修士给的那六个小方格里打转转，怎么
创造呀？要创造，往往都得出点"格"。否则，就别谈创造了。

# 回家的线路图

冈达修士的脑子里有着无穷无尽的点子。这个"老顽童",好像眨眨眼睛,就可以想出个好主意似的。

有一次,他又给了我们每人一张纸。他要求我们用最简单、最明了的句子,描述从默乐高中回家的路线。但是,不能用街道的名字,不能写上诸如"在某某大街向左转"一类的话。

老冈达笑眯眯地说:"我建议你们用一些明显的标记一类的东西来指示方向。完成后交给你的邻座,让他们试着猜一猜,你家住在哪里。"

他只给了我们 10 分钟。

默乐高中的学生都来自大辛辛那提地区,上学都是由校车接送的。除了很要好的朋友,一般来说,同学之间很少知道谁家住在哪里。

这个题目出得很有趣。

可能你也会有过这种经历,有时候,脑子里会突然跳进一些很好的想法,一下子就把苦苦冥想的问题搞通了。

但这次拿到冈达修士的"难题"后,我的脑子里却是一片空白。8 分钟过去了,我还是靠在椅子背上没动。看看同学们都在很卖力地在纸上写写画画。有些快手的,竟已写满了两张纸。

我就是不想同他们一样干这么蠢的事，我要干就干得与众不同。

罔达修士看我还没有开始，他笑哈哈地同我开玩笑："我是不是应该把我的要求翻译成中文？"

我看了看他，很有把握地说："等到最后一分钟，我再开始。我想，有一分钟已经足够了。"

老罔达一定知道我又要搞点什么与众不同的名堂。他看了我一下，笑着离开我的座位，像是说"好吧，等着瞧你的把戏"。

还有40秒钟，我飞快地在纸上写下了一行字。当我刚刚完成最后一个字时，罔达修士说："好啦，时间到，请停笔！"

我看一看四周，有的同学们还没写完呢，正在忙着最后的几句话。有的把一张纸写得满满的，连四边的空间都用上了。

罔达修士让几个同学读一读他们的"回家路线指南"。

大多数孩子都是这样写的：一直朝北走，到停车场的边上，看到"停止"的指示牌后，左转，朝前走，直到第三个加油站，左转，然后沿着这条街朝下走，一直到看见一个很大的、有一个绿色阳台的红砖楼，就向右转，再走，看到一个有栅栏的园子里的三个大的玄武石，然后向左……

不用说，这些"指南"都很不错、很详细。有的用饭店作指示标志，有的用楼房，有的用树呀、花园呀……

我真佩服他们的观察力和记忆力。但是，不用说你也一定猜到了，所有的"指南"都有一个特征：没完没了，千篇一律。多没劲儿！

如果你没去过那个地方，保管让你听着听着就睡着了。最重要的是，听完了他们的长篇"指南"后，没有一个人能明白他们住在哪里。尽管，我的同学们一个比一个读得大声。

这种"指南"，让人听后找不到北，还有什么意义？

最后轮到我了。

我一字一句地念道："走进停车场，上 153 号校车，下校车，开门，到家了！"哈哈哈，教室里爆发出前所未有的、疯狂的笑声……

老罔达是笑得最忘情的一个！

笑声还没落，四位同学几乎是同时跳起身来，喊道："嗨，153 号校车？你一定是住在西金库市，对不对？"

我用了最短的描述、最有趣的形式，表现了最大的创造性，而且得到最好的结果——四个人猜到了我住在哪里。

要知道，除了我的指南之外，全班同学竟然没有一个人的指南能让人明白个东南西北的。

# 不存在的动物

有一天，老阁达又出了个新点子，他让我们画一个世界上不存在的动物。他说："你们可以任意想象，怎么画都可以，但一定是一个世间不存在的动物。什么恐龙呀，就不要画了，因为在这个世界上，恐龙是曾经存在的……"

老阁达瞅了我一眼，又说："什么龙呀、凤凰呀、人面狮身呀，也不要画，虽然它们是世间不存在的动物，但我们的前人已创造出来了。现在发挥你们的想象力、创造力，画一个世界上不存在的动物！时间还是 10 分钟。好啦，现在开始！"

一声令下，同学们开始妙笔生花了。有人画带翅膀的马，有人画带翅膀的鱼，有人画长着一对角的狗，有人画披着一身鳞的猫……总之，都是飞兽走禽，画蛇添足。

我不想"创造"这种没有创造性的东西。

我闭目默想。时间一秒一秒地过去……

我的脑子在飞快地旋转，总是不得要领。我往椅背上一靠，这时正好老阁达又瞅了我一眼，露出一丝"坏"笑。就这一下，我的灵感来了！听说牙齿长的人都较一般人聪明，不知有没有道理。据说，比尔·盖茨、爱因斯坦的牙都挺长的。

老阁达面部的最突出特征，是他那对微微外凸的门牙。长这

画一个世界上不存在的动物!

种门牙有一个好处，让人感觉他老是在微微笑。老阆达很慈祥，再加上他的这个面部特征，就更相得益彰了。

阆达修士幽默豁达，很少发怒。由于他那对微凸的门牙，让人感觉他总是在笑，因此他的喜怒哀乐的各种表情，就变成了各种各样的"笑"。刚才我就看到了他的"坏"笑，像是在说："我看你矿小子，这次又有什么名堂！"

我抓住刚才那一瞬间的灵感，赶紧飞笔作画。

匆匆忙忙，终于在规定的时间里，正好勉勉强强完成。

阆达修士叫了几个同学，把他们创造的"飞兽走禽"展示给全班同学看。大家有说有笑，指指点点……

突然，老阆达说："矿，把你的'杰作'拿出来让我们欣赏欣赏吧！"

我说："您真的要我给大家看呀？"

老阆达说："你画了什么怪兽，你怕我不知道吗？"

我说："好，那是你要给大家看的呀！"

我把我的画慢慢展开，全班同学一声惊呼，随即是哄堂大笑！

我想你们一定猜到了我画的是什么。

兔子的突出特征之一，就是那对门牙。我把老阆达的脸画成了一个变形的兔子！这可是世界上不存在的动物呀！

这次，阆达修士没有像往常那样大笑，他深深地叹了一口气，向我索要这幅画："矿，我评完分后，能不能留下这幅画？以后我可以给其他美术课的同学看看：有人是怎样在美术课上不及格的……"

# 高菲尔特人

学期快结束时，罔达修士决定再考一考我们的创造力。

他给我们讲了个故事："让我们想象我们生活在 3000 年。这时地球人已经学会并掌握了太空飞行。而且，太阳系其他星球都成了地球人的殖民地。你带着到另一个星球去发现一个新文化的使命，到了一个叫'高菲尔—X'的星球。在那里，你发现了一种像地球人类一样有智力的生物，以及一个完整的文化。那里的有智慧的生物的名字叫'高菲尔特人'。然后，你决定带一个'高菲尔特人'回地球。于是，这个'高菲尔特人'可能会向他在高菲尔—X 的家人，描述他在地球上看到的第一个东西，那会是什么呢？请进行想象，你就是那个被带到地球上的'高菲尔特人'，由你来描述一件地球上的东西……当然，我还是只给 5 分钟的时间，去完成这个跨越了 1 000 年的想象。"

5 分钟后，罔达修士让我们一个一个在课堂上读自己的描述。有意思的是，几乎每个同学所描述的都是汽车、炉子和牙刷。

怎么就是这三样东西可以代表地球人？

同学们的描述都很详细。但在我看来都挺无聊乏味。比如，有个家伙是这样写"高菲尔特人"眼里的牙刷的："一个长的物体，有一头是圆的，另一头是平的，在平的那头上长着鬃毛……"

怎么样？没意思吧。

看我的版本。

我告诉听众："你知道吗？'高菲尔特人'是一个又聋又哑又瞎的外星种族。他们根本不可能描述什么东西，他们接受外界信息的渠道与地球人完全不同！"

全班同学，也包括老罔达都鼓掌大笑。

罔达修士从一开始就没有给过我们有关"高菲尔特人"的特质限定。我在这里钻了个逻辑的小空子，既然没有"高菲尔特人"的人种定义，那就由我来决定，让这个种族变成又聋又哑又瞎，让他们根本不可能对地球上的东西产生所谓"印象"。

罔达修士摇摇头，不得不承认这是我的"创造"。

那天，下课后，老罔达抓住我，对我半开玩笑地说："矿，你搞的那个东西很具创造力。但是你知道那里有一条线吗？"

"什么线？"我反问道。

他笑着说："一条线，一条非常细的线。在聪明、创造力与愚蠢、神经病之间有一条很细小的分界线。你就在这正中间。毕加索也曾在那里呆过。"

说完，他哈哈大笑起来。

# 这是你的未来

上个学期结束之前，我面临着一个对我来说十分重要的决定——是否继续在美术班学下去？

因为，下个学期，我将面临的是美术课和电脑课在课时安排上的冲突。要上美术课，就不能修电脑课。反之，要上电脑课，就没法选美术课。

这也不能说是学校的课时安排欠周。美国高中，开有很多的选修课，学生们可以根据自己的爱好，以及未来职业的需要，来考虑选什么样的课。美术课和电脑课都在选修之列。

默乐高中美术班难进，大多数学生在竞争这30个名额之前，早就认准了他们的未来职业追求。他们中的绝大部分选择的未来职业都与美术相关。比如，建筑设计师、广告设计师、美术编辑、卡通片创造者、漫画家、画家、画廊老板……

另外，默乐的美术班名气太大了。每年的毕业生，都可以从各个艺术院校获得各种各样的奖学金。学校对我们2003届毕业生的期望值更高。据说，他们甚至估计我们这伙人会得到超过100万美元的奖学金。所以，进美术班的人都被期望持续修完四年的美术课，以便顺利拿到奖学金。

以业余爱好为学习目的的，在我们年级美术班的30个学生中，可能只有我一个人。

我喜欢画画，也画得一手好画。我相信，我是我们美术班里最好的学生。其实，我的画技甚至超过了一些高年级的学生。但，我也非常喜欢电脑！更重要的是，在我心里，我是这样想的，电脑更可能直接或间接地与我未来的职业有关。

要学电脑，就得放弃美术。

对我来说，这真是一个十分艰难的决定呀！

然而，最难的是怎么样把我这个决定告诉闵达修士。

他是绝不会想到我会退出美术班的。

学期快结束了，同学们都忙着制定下学期的学习计划。我犹豫了很久，最后还是下了决心。

爸爸说：前途是你自己去"走"的，你想好了，决定下来，就好好干。

我的绘画是妈妈启蒙的，她为我失掉这么一个优秀的美术老师感到非常伤感！

其实，那几天上美术课，看着父亲般的老闵达，我内心是犹豫、内疚、难过……到底怎么同他说呢？

一天，老闵达非常开心。不能再拖了，我选了这个机会，我告诉他我的决定，下个学期起我不再选修美术课了……

要命的是，老闵达根本不信我这一套，起身就走，还顽皮地冲我笑笑。我追上去，拉着闵达修士，把刚才的话又说了一遍。

他听着听着，就笑了起来，打断我的话，幽默地说："矿，快去画你的画，要不就没有幸运饼干给你啦！"（在美国的中国饭店，都备有一种叫做"fortune cookie"的小饼干。饼干中间包着一张小纸条，上面写些幸运的话。）

罔达修士根本就不相信我的话。他还以为我在同他开玩笑呢！

我又花了足足 15 分钟，很认真地又对他说了一遍又一遍……

老罔达始终不相信我说的是真话。最后，他半信半疑地、惊诧地看着我，用一种我从未看见过的严肃的神情对我说："矿，你说的是真话？"

看起来，我的决定真的伤了老人的心。

接下来的几天，我很艰难地试图向他解释为什么会有这么个决定。我从来就没有想过要成为一个画家，或以画画为生。但是在发现自己在这方面的才能后，我又很不愿意放弃自己的天赋。

我烦恼地对他说："我也不知道该怎么办，但我又必须尽快决断。"

罔达修士平静了下来，他直直地看着我说："矿，你可以成为一个最好的……你知道吗？在班里，尽管你平常总是嘻嘻哈哈的，但真正的天赋就是在这里呀。"

这真是一次十分艰难的谈话。当老罔达从他的办公室里找出一沓入学考试时学生画的图画时，我几乎让自己改变了主意。

他把手中的几张画递给我，说："这是默乐美术班以往最好的毕业生在初进校考试时留下的画。"

然后，他又给我另一张，那是我在进这个班时考试画的画。

他一直没有正面看我，只是平静地说："比一比！"

罔达修士让我把我的画同这位同学的画对照一下。显然，我的画看上去比他的好得多。

我当然知道老罔达的潜台词。那个学生曾是罔达修士的最得意的门生，如今，已在美国的美术界争得一席之地。现在我的起点高于他，那么我的未来会怎么样呢？

老罔达试图说服我继续留下来，而我去意已定。

就在那一刻，我感到罔达修士忽然间老了，那种"老顽童"特有的幽默、机灵一下子都消失了。

老人喃喃地说："我也不知应该对你说些什么，这是你的未来……"

其实，我的心里也是难受极了。

他那我从未见过的忧伤的神情，恐怕数十年后还会留在我的脑海里……

我强装笑脸，又同他开起玩笑来。我向他发誓，在今后的三年中，每天我都要到他这里来，来跟他斗智、斗嘴、逗乐。

就在我写这章的时候，新的学期已经开始了。听美术班的同学说，老罔达总是在上课时提到我。

他威胁那些不好好学的学生："小心点，你们学不好，下个学期我就让矿再回来。把这个位置留给矿。"

嗨，老罔达，老顽童，我真对不起您！

今生恐怕是没有机会再修您的课了，但从您那里学到的东西，却会伴着我的一生走遍天涯海角。

我终身的良师益友
——罗恩·亨利克先生

# 最好的在最后

我敢肯定你一定听过，也一定讲过这样的话："Best for last，把最好的留在最后……"好吧，既然我也总是认为有个好结尾很重要，我就选一个我认为我从来没遇到过的最好的老师作为书的结尾吧！

罗恩·亨利克先生一直是我生活中的一个实实在在的楷模和激励。同时，我也知道他还在我的母校用他那个 unique brand of modern magic——独特的现代魅力影响着其他的人。当我想到他，认真讲起来，我甚至不能从他的身上找到一点瑕疵。如果让我在亨利克先生的生活与比尔·盖茨的生活中作一个选择的话，想都不用想，我将在一百次里一百零一次地选择亨利克先生的生活。这就是我对我这位老师的评价。正因为如此，我希望你们能同我一样，去欣赏我讲的有关他的故事，更希望你也能有这样的一位老师，或者至少多多少少有点儿像他。

# 他是谁?

罗恩·亨利克先生,是美国俄亥俄州西金库市,我初中母校的 SCOPE(天赋教育班)的老师。A tiny speck within the massive expanse of the entire world——在苍茫浩瀚的世界上,这是个不起眼的小小点。这个学区,这个城市的老师成千上万,他是其中的普通一员。

但,他是老师中的一块珍贵的宝石。我能遇见这样的老师,真是三生有幸。

"到底是什么东西使得这个家伙如此特殊呢?"请你原谅,我知道我会滔滔不绝、喋喋不休地说亨利克先生怎样怎样的酷。其实,真要用文字把亨利克先生形象地给读者描绘出来,那又实在是太难了。

到底是什么东西让每一个了解他的人都没有理由不喜欢他呢?为什么人们一提到亨利克先生就总是发出会心的微笑呢?为什么有人甚至试着去讨厌他,但无论如何都恨不起来呢?

一个老师总有些不喜欢自己的学生,但我敢说,亨利克先生是个例外。对于亨利克先生来说,最糟糕的不过是某个学生某天被他批评了,所以在课堂上有点儿愁眉苦脸,仅此而已,绝不会恨他。

我感到亨利克先生和爱波伦丝太太是两个真正从心里关心我的老师。

无私、谦虚、快乐和诚实，这是我所能想出来的描述亨利克先生的形容词。但是这些美好的个性特征对于成为一个好老师有多少帮助呢？

请想一想，什么是老师的工作？为什么我们会有公立学校？会有老师？

有许多人（包括家长）认为上学是学知识。我不同意！

许多孩子都应该可以在家里，或从自己的父母那里学到他们在学校里学到的书本知识。有条件的家庭，甚至可以学得更好些。比如我吧，爸爸是研究教育理论的 Ph.D.，是大学老师，如果我用同样的课本、同样的时间在家里自学，我完全可以学到比在学校多一倍的知识。在美国有的州，比如我们所在的俄亥俄州就允许 Home School 的存在。也就是说，如果有的家庭不愿把孩子送到学校受教育，可以留在家里进行教育。但在有些州，是不合法的，这样做家长就要蹲监狱。爸爸有两个学生就是在家里办学的。在这种"家庭学校"受教育的孩子，用爸爸的话说是"100％纯净的果汁"，比那些上公立学校的孩子麻烦事要少得多。

既然如此，到底是什么原因使得成千上万的孩子一天到晚进进出出学校呢？为什么父母们都像中了魔似的，一定要送自己的孩子去学校呢？如果说是为了孩子上大学，不少孩子是不上大学的呀，就算是要上大学，在家里不也同样可以准备吗？这里边一定有原因！

这个问题我自己想过很多很多，我认为，上学是学知识，但更重要的是为孩子未来的社会生活作准备。学校是孩子的社会，学校生活是孩子的社会生活。上学校就是让孩子在进入成人社会之前，先进入一个"准社会"。

为你的未来生活做准备，你并不一定需要知道西弗吉尼亚州的首府在哪里，也不需要知道智利的国土形状如何。我认为：对于学校来说，其应该做的最最重要的事情，是帮助孩子发现自我，帮助孩子进行社会化。学校的生活能有效地帮助孩子健全自己的 character——个性。信不信由你，当你一年又一年挣扎在结交朋友、争取高分、通过考试和学与不学中时，你真正得到的东西是发现自我，健全个性，发现适合自己的通往未来的道路。

我花了那么多篇幅来讨论这个问题，这与亨利克先生有什么关系呢？对我来说，我正是在亨利克先生的课堂里开始学会如何看待自己，如何看待这真实的社会的。我并不认为这只是一个偶然的巧合。最好的老师和最重要的人生课程结合在一起，绝不会是没有原因的。

## 欢笑，是最好的医药，最好的教学工具

我这个人有三个特点（既是优点也是弱点）：Pride，Fun and Ability——自傲，有乐趣，有能力。追求有趣和欢乐是我生活中的一个需要。的确，生活之中如果缺少了有趣和欢乐，生活就会变得枯燥无味。有时，我们会面对着似乎很严峻的形势，甚至是大难当头，你还笑得出吗？其实，有趣和欢笑往往能让我们更从容地面对挑战、面对现实。在生活中学会随时发现有趣和欢乐，这是亨利克先生教给我的一种生活哲学。

我在亨利克先生身上发现了一种叫做"欢笑"的"疾病"，会传染的"欢乐病"。如果你坐在亨利克先生面前哪怕只有5分钟，你都会被他的幽默感染。他潇洒自如地运用幽默，就像是运用一件锋利雪亮的武器。在我所有的老师中，只有亨利克先生能那样变幻多端地运用它。这也是为什么在学生的眼里，亨利克先生能高出其他老师一大截的一个重要原因。在一个冗长、无聊的课堂里，还有什么比听一个由现代幽默和睿智组合而成的怪人讲话，能让你大笑不已呢？

# 疯狂头发日

关于亨利克先生，我可以谈三天三夜。这里我只选几件他的趣事。

从内心来看，亨利克先生应该算是个"怪人"。但是我不想把他归为怪人一类，因为这对他似乎不公平。事实上就其行事的标准来看，亨利克先生的的确确很有些"离谱"。

亨利克先生属于爱留胡子一类的家伙。但他的习惯是冬季蓄起胡子，到了春季又刮光。在冬天的时候，他的一脸大胡子很浓密。等到春暖花开时，他一彻底刮了脸，人就变了个样，好像换了个人似的。

我所读的中学大约每个月都有一个不成文的"疯狂日"——Crazy Day。所谓"疯狂日"，实际上是学校的管理者们想出的一个让学生保持兴奋的点子。这样，基本上每一个月，我们都有一件新的"疯狂"的事情来干干。例如，有一个月，我们学校搞了个"疯狂帽子日"，大家在这一天被允许戴各种各样千奇百怪的帽子。当然，这也是有一定的约束和限制的。你总不能光着屁股戴顶帽子来学校，像那种KKK（"三K党"）的尖头帽也是不能戴来学校的。此外，我们还搞过"疯狂裤子日"、"疯狂鞋子日"等。

八年级的某一个月，学校宣布下个星期一将是"疯狂头发日"。根据学校的规定，在这一天，大家可以任意地在自己的发型和颜色上做文章，看一看谁的头发最别出心裁。当然，条件也还是有的，比如不论你在头发上做了什么手脚，第二天必须要还原。也就是说，如果你把你的头发染成紫色，第二天你一定要把颜色洗净，否则学校要找你的麻烦。当然，如果你不还原，但并不违反校规，则另当别论。很多人都利用这一天换一种新发型。然而，无论是谁的新发式，都没有一个能同亨利克先生的"创新"媲美。

正像我说过的，学校搞这种活动的初衷不过是想给学生在漫长无聊的学习中，抹上一点不同色彩，让大家乐一乐。但是，很少有老师会同学生一道"胡闹"的。亨利克先生却是个例外。他听到这个消息后，决定要干点什么新鲜玩意儿。大家都猜测，亨利克先生一定会把胡子刮光，就像往年春天一样。我暗想，亨利克先生一定会干一点比刮光胡子更离奇的事，但我实在也想不出他还会干什么。

"疯狂头发日"那天，不少同学都在头发上搞了些名堂，有的把头发染成几种颜色，有的换了个新发型。但没有一个能称得上"标新立异"的。

我走进亨利克先生的教室，我发现全班的人都睁大眼睛定定地看着教室的一个角落——亨利克先生的办公桌就在那里。我再往前走了两步，看清楚亨利克先生正坐在桌前静静地看书。不知你是否有过不相信自己眼睛的经历？你第一眼看到的东西传到你的大脑里，你的大脑告诉你"看错了"。然后，你不得不再看一次……

我使劲儿地眨了眨眼睛，准确地说，是瞪大眼睛看去。终于辨认清楚我眼前的这幅图画：像往常一样，亨利克先生安详地坐在桌前看书，但不同的是，他的整个脸部都变了，上唇右边的胡子刮光了；与之对称，下唇左边的胡子也一根不剩……亨利克先生的美须只剩下上一半、下一半，斜斜地隔"唇"相望。但是，这还不是全部。看看他的身上，穿着一件西装上衣，打着领带，但他的下身却很不协调地穿着一条由鲜蓝色和淡黄色条纹相间的像老虎皮似的棉毛裤，外加一对不成双的袜子和一双左右脚倒穿的、不成对的鞋子。

当上课的铃响后，事情变得更有趣了。

亨利克先生从座位上站了起来，走到讲台前，让还站着看热闹的同学们坐下上课。他的一举一动就好像平常上课一样，没有一丝一毫做作，就好像什么事都没发生一样。我们坐在椅子上唯一能做的事，就是拼命地眨眼睛，不断地怀疑自己看到的到底是不是一件真事……

教室里很静，只有亨利克先生平静的讲课的声音。一分钟，两分钟……不知是谁先"嗤嗤"笑了两声。忽然，大家同时爆发出响亮的笑声。当然，这时亨利克先生自己也忍不住了，他也跟着我们开怀大笑，直笑得全班人都倒在了地上。

在这一整天里，学校里几乎每一个人见面都会问：

"妈呀，你看见亨利克先生了吗？"

"哇，我的上帝！看到他第一眼，我几乎晕过去了。"

"他让我笑得晚饭都不用吃了。"

亨利克先生又一次向我们展示了他那种发现生活中的乐趣和欢笑的能力。

# 从今天起，请严戒……

　　说起来，亨利克先生的课堂里与其他老师的很不同，在他的班里学生都特爱吵吵闹闹，很不安分。为什么？道理很简单，不同的人组成了不同的团体。几个安静害羞的人同一个开朗、好出头的人组成一个组，很容易形成一个有着良好领导与被领导关系的组织；如果一伙羞羞答答的人在一起，任何人都可能轻而易举地占据领导地位。但是，想象一下，当你的课堂里坐满了开朗、聪明、精力过剩、富于领导精神，而又被称为具有"天赋"的孩子们时，你一定会有很大的麻烦。

　　一个好的军队，有人说领导很重要，也有人说士兵很重要。不论谁重要，有一种情形肯定不行：那就是只有一群将军，没有一个士兵。一百个将军比不上一个将军带着一百个听命令的士兵。一百个将军会为谁是最高领导打得你死我活。这就是亨利克先生所要面对的SCOPE班，我八年级时的天赋班。

　　我们班上的十几个学生，都是全校最聪明的孩子。聪明带来了自信，自信又煽动了自尊和自大。不用说我和麦德有多自尊自大，班上其他孩子都是一个样。课堂讨论时，总是陷入无休无止的争吵、叫喊。因为谁也不希望败在谁的手下，而且，每个人都想成为班上最聪明的那个。

看起来亨利克先生并不把我们这些小小的"麻烦"放在心上。相反，他总爱引导我们的课堂争论向更深更广处发展，让我们这些自以为是的家伙能更大限度地表现自己，让充满领导欲的孩子更卖力些。但是，就像该放手时就放手，亨利克先生对我们也有该收手时就收手的时候。在适当的时候，在我们的狂妄自大上"敲一敲"，让大家学会互尊、互敬，学会遵守游戏规则，或者社会法则。

学期中的某一天，同学间每天不断积累的小矛盾，终于因为一件小事爆发出来了。英语里说是：The straw that broke the camel's back——压断了骆驼脊梁的一根稻草。

我们班里有两个同学相处不来已经有相当的日子了。一个叫丹尼，另一个叫塞思。他们俩来自学校这个"社会结构"中完全不同的两个阶层。丹尼是那种典型的很酷的家伙。他是个天生的运动员，又总是可以创造出自己的方法去开人家的玩笑。他并不是十分聪明，但他具有较全面的"街道聪明"（street smarts 是相对于 book smarts 而言的，指社会化程度较高，实际运用能力较强），他知道怎样使自己立于不败之地。

丹尼和我在七年级刚开学的几天里就已成了好朋友。你了解他以后，你会发现他实际上是个很好的家伙。但如果不了解的话，你会以为他是个小坏蛋。

塞思则与丹尼完全不同。我不知道在你的那个圈子里是不是有这种人，反正我是从未见过。塞思有时很吓人，几乎每个认识他的人都这样说。其实，他并不牛高马大，那是一种心理和情感上的恐惧。塞思不搞体育，他不在乎自己的体态、衣着外表。他甚至不剪头发，不换衣服，穿着的样式和色调从来就不搭配。他的精神状态总是很不稳定。他是那种处在心理失控边缘的人。据说，塞思吃了不少镇静药。他有挺严重的情感失控问题。这就是大家都有些害怕他的缘故。

事实上，塞思很聪明。他的英语读写能力都很超常。只不过，他的不拘小节的外表，和近乎不食人间烟火的举止言谈，不可避免地成了孩子们讽刺挖苦的对象。我相信，这对他的自尊打击很大。在其他老师的课里，塞思总是表现得很紧张，有点儿神经质。只有在亨利克先生的课堂里他才能放松些。大概他也知道，这是个可以让他表现自我的地方。亨利克先生对他的与众不同的表现总是很宽容。

一天，在亨利克先生的课堂上，我们正在做关于阿里默城堡（The Alamo Fort）的课题研究。塞思把他的课题研究设计成一个小木偶剧，他从家里搬来了一个高五尺多的大纸盒，他钻进纸盒里，以纸盒象征阿里默城堡，让手中的小木偶人来发言。应该说，他的设计很有创意。在亨利克先生的课堂上，我们感觉就像在自家里玩一样。像塞思这样神经质的孩子，也能很轻松地进行创造性的学习。

塞思的汇报本来都挺不错的，可是快到结尾时，他有些乱了阵脚，离了题，乱讲一通。爱出风头的同学们当然不会放弃这个挖苦人的好机会，七嘴八舌地拿塞思开起玩笑来。塞思当时看上去没生气（但只过了一小会儿，我就发现他是真的生气了）。

那天，我们把所有的课题汇报都录了像，在等待亨利克先生调换录像带时，调皮的丹尼趁没人注意，一头钻进塞思的大纸盒道具里，学着塞思的声音摆弄起木偶来。

你见过水坝崩裂吗？一个水坝挡住了不停上涨的水，水的压力在不断增加，水坝的内部结构在一点点迸裂……到了某个极限，刚才看来还是好好的水坝，忽然间崩裂，水山呼海啸般地泻出。

就像水坝，塞思的精神大坝在忽然间崩溃了。他再也无法忍受丹尼对他的冷嘲热讽，可能还带着对一年来同学们对他的羞辱的仇恨，他不顾一切地冲向大纸盒，全然不顾丹尼还在里面，一把将纸盒推倒在地上，用脚发疯似的猛踢纸盒，抄起就近的椅子就要往盒子上砸……

忽然，塞思停住了，僵在那里，像是不知该做什么好……

全班同学都惊愕了，因为大家从来没有看见过这种场景。

当时，亨利克先生正在教室后面摆弄录像机，等他回到讲台前面，事态已经平息了。他并不知道纸盒里还有人，看着大家都盯着那盒子，他下意识地问了声："纸盒里有人吗？"

纸盒里发出了一声长长的号叫："Oooooowwwwwww..."声音从盒子里传出，听起来很滑稽，很多人都笑出声来，就连塞思都笑了笑。

我看见亨利克先生的脸上什么表情都没有。

我赶紧走上前去，弯腰往盒子里看，并顺手把丹尼拉了出来。还好，丹尼没有受伤。忽然，我意识到一场大战要爆发！丹尼竟然让塞思——一个整天被人取笑的家伙"袭击"成功，竟然连还手的余地都没有。丹尼的脸可是丢大了。凭丹尼的个性，这场架一定有得打啦。

我抓住丹尼的手，说："这不值得！"

丹尼甩开我的手，向塞思走去……

一分钟的僵持，丹尼和塞思四目相对，谁都没说话。

这时，亨利克先生打破了寂静，平静地问了一句："下一个该轮到谁啦？"

课题汇报又继续开始。

亨利克先生带着丹尼和塞思走出门外。形势对塞思很不利，按照州里的法律规定，打人或参与打架，要受到至少3天的离校惩罚。对此我有过经验（《美式校园——素质教育在美国》有详细描述，恕不赘）。3天离校期间的考试、作业和一切课堂成绩都要按零分计算。这很可能让你的成绩从 A⁺ 一直掉到 C。

几分钟后，亨利克先生带着丹尼和塞思回到教室。看看丹尼和塞思的脸色都很平静，不像是挨了处分的样子。

到底亨利克先生会怎样处理这件事呢？

我东想西想了许多……换上别的老师，丹尼和塞思这会儿一定是坐在校长的办公室里，校长或校长助理正高声宣判他们拿来吓唬学生的"离校3天"的惩罚。然后，丹尼的父母、塞思的父母一定会很气愤，他们俩也少不了挨没完没了的责骂。然后，丹尼和塞思之间的"战争"从此白热化……但是亨利克先生不会这样做的，他总是会很替学生着想的。我想的这些，他也一定会想到。他当然会比一般的老师看得远。但是，塞思今天犯的错不小，他太冲动了，不教育他一下，他还会犯大错的……

果然，在没有向全班同学说明事情的处理之前，亨利克先生是不会让我们走的。

在所有的课题汇报完成后，亨利克先生站在讲台前，一脸严肃，平时的谈笑风生全被少有的严肃代替了。他用非常简短有力的外交辞令宣布："从现在起，请一定严戒以下几件事：推倒装有人的盒子，踢打装有人的盒子，用椅子摔打装有人的盒子……谢谢！"

这几句简短，甚至有些怪异的话，引来了大家的笑声，包括丹尼和塞思。

我想这几句话会让我们中的有些人记上一辈子的。

更令人吃惊的是，下课后丹尼竟然主动走向塞思，向塞思伸出手来，塞思犹豫了一下，最终也伸出手，同丹尼紧紧地握了一握。丹尼可是个非常要面子的人，他竟然没事一般……

从此以后，两个曾是对头的人竟能和平相处，再也没有发生过"战争"。当然，塞思和丹尼都没有挨3天离校的处罚。

天才知道亨利克先生到底同他们两人说了些什么。

在我心里，这是一个永远的谜。

其实也不用去猜了，亨利克先生那几句课堂训词已经把他的意思表达得很清楚：尊重他人的权利，就是尊重你自己！

这一点，对于我们这些常常自以为最聪明的 SCOPE 的学生来说，都应该更明白才对，这是最基本的社会游戏的道德和规则。

# "我把学生放在第一位"

你现在已一次又一次听我说，在亨利克先生的班上我已受益无穷，但你并不完全知道我尊重亨利克先生的真正原因，以及我推崇他的程度——最喜爱的老师。请注意，不是"最喜爱的初中老师"，也不是"最喜爱的社会研究课老师"，而是最喜爱的老师！

老师和学生之间的分界远不止"一个教一个学"的概念。在我的眼里，一个好老师是远远超出这个界定的。一个伟大的老师会怀着"一切为着学生好"的观念，在任何情况下都去帮助学生。

前面我谈到了斯小姐的行径。那么亨利克先生是怎样看待这个事情的呢？

"木偶剧风波"那天，我的最后一节课是亨利克先生的社会研究，我收到了要我到校长办公室去的条子。那不是一张"请到办公室来一趟"这样的正常纸条，而是"立即到办公室来！"

所有的孩子都说："哎呀，矿有麻烦了！"

我笑了，因为当时我是压根儿没联想到会是斯小姐诬告了我们。我很坦然地去了校长办公室。后来的事情，你们都知道了，就不多说吧。

当我带着一肚子的火离开校长办公室回到亨利克先生的班上后，我只是立即把办公室的回条交给他。我并不打算告诉亨利克先生发生了什么事情，因为我不想让他来蹚这个"浑水"。教室里，同学们都围了上来，七嘴八舌地问到底出了什么事。我再也沉不住气了，愤怒地大叫起来："他们想给我停课3天的处分……"

正好这时下课铃响了，这是最后一节课，学校要放学。同学们都走了，教室里只剩下亨利克先生和我两人。亨利克先生走过来，问我究竟发生了什么事情。

我只是简单地说了两句就去找斯小姐"算账"了……

第二天，我和麦德就该不该把事情告诉亨利克先生争论了一番，因为我们既想让他知道此事，又不愿他受到牵连。后来，我们决定，如果亨利克先生问起，我们就说；如果他不问，我们就什么都不说。

那天，在亨利克先生的课堂上，一切都正常如前。我和麦德坐在角落小声地交谈，我们在商量如果又被叫到办公室，我们应该说些什么。我俩都十分沮丧，根本没注意到课堂上在干什么。看起来，我和麦德的沮丧神情一定引起了亨利克先生的注意，后来，当其他的同学做课堂作业时，亨利克先生走到我们这里来。他刚一张口问，我们就立即把事情原原本本地告诉了他。我们并没有去找他，是他主动来找我们的。他从心里一直都在关注着我们。

听我们把事情的来龙去脉说了一遍后，他坐在那儿沉默了好一会儿，微微摇摇头，说："我真不知该说些什么……"

那是一个多么难堪的沉默呀！我想，把亨利克先生扯了进来，这实在是一个馊主意。麦德也一定是这样想的。

亨利克先生有多为难呀，他必须要在保有自己的工作及声誉和保护我们之间作出抉择。按照一般的逻辑和推想，人们选择的一定是前者。亨利克先生是老师，教师是他养家糊口的职业，我猜想在他的工作合同中没有任何一条是要他为了两个学生而去走钢丝的。我和麦德绝不期望他去干些什么，我们只是想有一个我们信赖的人能给我们一些主意（ideas）和忠告（advice）。

第二天上午，在校车上，麦德和我又交谈了我们的"小"状况。我们确信斯小姐是完全错误的，但我们又能做什么呢？老派克是不会改变他顽固的立场的，除了我们的父母谁又会来为我们说话呢？这些话明摆着是讲也等于不讲的。

现在我再回过头来看这件事，就看得更清楚了。我想，不管是错是对，所有的老师是"应该"站在学校一边的。这也就是为什么派克先生根本就不听我们解释的原因。因为这是他的工作——永远站在老师一边。

然而，正是亨利克先生的所作所为使得事情更有特殊的意义。

当我们走进亨利克先生的课堂，也就是一天的最后一节课，麦德和我也并没有任何期待。亨利克先生安排全班同学有事情干后，他把我俩叫过去。我们懵里懵懂地，绝没想到亨利克先生能为我们干些什么。他又能做什么呢？他不可能下令要斯小姐忘记此事；他也不可能到派克先生那里去说斯小姐诬告学生，同事之间是不能这样做的，事实上老师应该是站在学校一边的。我和麦德没有任何幻想。

亨利克先生坐在他的椅子上，异常庄重而严肃地看着我们。

他非常平静，非常认真地说："好啦，家伙们，事情是这样……"这是亨利克先生绝少使用的说话语气。他继续说道："昨天听到发生在你们身上的事情，我觉得我实在是有责任去'有所作为'——do something。所以呢，我给校长助理写了一封信。后来我又给校长派克写了一封信，告诉他们我已经教了你们快两年，我非常了解你们，你们虽然有些调皮，但是你们绝对不是坏孩子，你们很坦诚，学习很努力，斯小姐指控的不是你们的本意……因此，我想你们不必再担心什么了！"

当时，我是绝对地慌了手脚，不知所措。理由有两点：一是亨利克先生这样做，这显然是与学校作对。因为我们已经告诉过他派克先生对我们说了些什么，对我们是什么印象。亨利克先生这样做不是直接挑战校长吗？这不是当着上司的面说"NO"吗？二是亨利克先生曾经因为为学生辩护而有过麻烦，现在他竟然又为了我们出头……

那天从教室出来以后，我们确认了一件事：假如亨利克先生因为这件事情招惹了麻烦或者甚至被解雇了，我们将举行一次公开的罢课。

罢课是合法的。但要这个计划起作用，我们需要大批的学生与我们一道罢课。知道吧，罢课一次就要被学校自动停学10天，但是我们觉得如果亨利克先生为了我们而拿他的工作来冒险，那么为了他，我们承担10天停学的风险也是应该的。

接下来的那几天，我们开始串联，把真相告诉我们认识的每一个人。让我们又惊又喜的是，几乎每一个我和麦德接触过的同学都一致表示，如果亨利克先生因此而招惹了什么麻烦，他们将为了捍卫亨利克先生参加罢课，宁愿接受停学处分。

假若你在此前仍不确信亨利克先生是个好老师，现在该相信了吧！

斯小姐计划给我们的惩罚是停学，现在我们和所有SCOPE（天赋班）的同学以及另外约100名同学都要为了亨利克先生承受这个惩罚。只要亨利克先生的名字被从门上拿下来，我们200名学生就要举行罢课。

亨利克先生是真正的出类拔萃的亦师亦友的那类老师。当我现在回过头来看，我真不敢肯定如果我处在他的处境，我是否能像他那样做。世界上有谁会为了两个4个月后将要毕业离校的学生，拿自己的工作和生活来冒险呢？

亨利克先生是个老师，是个真正在学校教书育人的老师。他不只是教社会研究，他还教会了我一个男子汉能做到什么。

没有他给学校的两封信，我怀疑没有停学的惩罚，麦德和我是绝对过不了斯小姐这关的。

更重要的是，我现在理解到了一个人能对另一个人的生活产生影响。这就是为什么亨利克先生始终是我遇见过的最好的老师的原因。

# 亨氏考试

亨利克先生教的 SCOPE 班，是仅对具有"天赋"的学生开的课。要参加这个班，必须要通过 IQ 测试，或者在近两年的全国标准考试中数学和英语两门课都达到 98％以上，并且要参加学区专门设计的统一考试。

其实，所谓"天赋"实在是个不定概念。看一看 SCOPE 班里的学生，大致有两种类型：一类是死读书，另一类属于天资聪明。SCOPE 的考试当然分辨不出这两种类型的不同。但看一看平时的学习，谁是哪一类自然一目了然。死读书的学生就像个"书虫"，他们从来不会不交作业，甚至会用功到在校车上做作业的程度，自修课会搞得像考试课那么紧张。而天资聪颖那一类，学习起来就要轻松多了，用不着太紧张，往往也会得个好成绩。他们很不安分，点子也很多，但成绩有时也不怎么样。

这些具有天赋的孩子在学习上有特殊的需要。好比帮助智障孩子是人道的，压制具有天赋的孩子就是不人道的。想象一下，让才华横溢的超级足球明星罗纳尔多去中国的乙级俱乐部踢球，那非让罗纳尔多无聊死。

SCOPE 的孩子应该有个不同的学习环境。对此，亨利克先生很清楚。他设计、开发了一个独特的教学系统，把每个孩子都深深地吸引住。

SCOPE 的课主要由讨论和分组研究构成。这种形式的内涵远远比一般课堂的记笔记和机械考试要深远厚重得多。要想在这种课堂上学得好，不仅要吃透学习的材料，而且还要参与到整个学习的过程中去，不仅知道该做什么（what）和怎么做（how），而且还要明了为什么（why）要这样做。在课堂讨论时，你不但应该大谈特谈你的观点，而且一定要有新意。同他人辩论时一定要看准目标，穷追猛打，想方设法让你的观点立于不败之地。

亨利克先生对所谓家庭作业、教科书很有看法。他说，人的头脑的功能很多，拷贝（copy）教科书的词句，这不是学习的根本目的，仅仅是一个不怎么重要的功能。他当然不愿意我们把时间浪费到背书本上去。

你一定会问：没有作业、没有课本，那你们怎么评分？难道没有分数吗？

当然有！我们的成绩由两部分组成：一个是各种课题研究，大的、小的、长的、短的，每一个课题研究都会占一定比例的分数；还有一个就是考试。我把它称为 The unforgettable Henrich tests——“不可忘怀的亨氏考试”。

每隔两三个星期，我们都会有一个考试。不用说，这些考试确实是货真价实——不论是考试本身还是考分，都是硬碰硬的、实实在在的东西。

下面我想详细地谈谈“不可忘怀的亨氏考试”。之所以我把它说成是“不可忘怀的”，是因为我之前从来没有参加过这种类型的考试，甚至近似这种类型的考试也没有见过。无论是它的挑战性、有趣性，还是它对批判性思维的要求，都是很独特的。

典型的亨氏考试，通常有两三页纸，大约 15 道题左右。所有的问题都不是简单的问答题，非一篇短文根本不能回答好。比如，有一个问题是这样的："在哪一年，林肯提出了《解放黑奴宣言》？解释这个宣言的主要内容、意思，以及当时南北两方对这个宣言的看法。分析林肯在此时发表这个宣言的战略意义。"

有关《解放黑奴宣言》的历史，我们在几个不同的课上都多多少少学过。而亨利克先生在这里重视的不是可以在教科书上找到的：历史事件发生的年代，或者《解放黑奴宣言》的内容；而是教科书上找不到的，我们自己对这个事件的分析。所以他的这道考题，第一和第二个问题，都是作为铺垫用的，真正的"魂"是最后一个问题，关键是"你自己"的分析。这道题得分高低，关键就看你的分析是不是有独到的地方。

记得，在课堂讨论时，同学们曾对林肯之所以选择这个时机发表《解放黑奴宣言》的动机争执不休。有人认为，林肯发表这个宣言过早，明显带有个人功利动机。也有人认为这个宣言发表得正是关键的时刻，加速了黑奴制的灭亡。而我认为，这是林肯的战争谋略。因为林肯本人就拥有奴隶，可见他从内心并不是太反感黑奴制。但如果他解放了奴隶，他不仅能充实成千上万的新黑人士兵到北军中，而且还从内部加速了南军和南方的瓦解。有的同学的观点简直就是胡搅蛮缠，无理搅三分。但亨利克先生从不棒杀，一律"笑纳"。当然，考试时你更可以大放高论，不过要能自圆其说才行。

这类题我们把它们列入"小问题"。在 15 道题里往往还会出现一两道 30 分题。说实在的，那些所谓的"小问题"，题题能发挥成一篇博士论文，更别说那些 30 分的题了，那都是写一本书或一套书的题目。

这是一条 30 分的题："列举出各种政治体制，并讨论它们的长处和短处。请将每一种体制同其他各种体制作一比较对照。"

人类的几千年历史中出现过多种不同的政治体制，亨利克先生的一道题全概括了。从君主立宪、极权主义、独裁专制、帝国主义到民主政治，凡是你能想到的都不妨谈一谈。同学们对各种政治体制的看法和认识更是五花八门。相比之下，有关《解放黑奴宣言》的战略意义的争论，简直就是小巫见大巫了。

我很喜欢回答这种问题。有时我会用很长的时间很认真地一步步讨论我的观点。当看到亨利克先生给了个 30 分满分时，那种感觉真好。

有不同的认识，当然就会有不同的回答。我相信，全班十几个同学中，一定有十几个回答，十几个不同的比较。我想这也一定是亨利克先生所期望的。

好了，让我们再回到亨氏考试上来吧。

想一想，15 道论证题，相当于 15 篇论文。不但有事实，还要有自己的观点。显然，一节课的时间是不够的。当然，亨利克先生并不把时间看得很重，有好多次，我们全班同学都不得不延长时间，就是为了答完那 15 道题。

往往在完成了 10 道题后，你已经搞不清楚你的手是不是还在你的手腕上。写那么多，无论是你的手指，还是你的脖子都开始麻木了。

完成亨氏考试还有个诀窍，那就是写字一定要小，要会利用空间。考试卷看上去就像张地图，上面画满了大小箭头，表示"此处答案继续"，把上下左右的边边角角全都用上。

据说，美国大学研究生院里很多考试也是这样。哇，别忘了我们都还是七年级、八年级的学生。我们的同龄朋友们正在面对多重选择题，悠哉游哉磨洋工呢。亨利克先生给我们 SCOPE 开的"小灶"，真够味！不过，越是具有挑战性，越能展现我们 SCOPE 的风采，不是吗？

# 请在以下胡乱涂抹……

读到亨利克先生扮丑角的事，可能有不少人会说："这个老师只是爱做些出格的事。这又有什么呢？这难道也能证明他是个好老师吗？"

如果在 180 天里，你仅仅是想方设法搞笑，让你的学生笑个不停，却什么也不教，你可能会是个很好的喜剧演员，但绝不是个好老师！

但是亨利克先生的幽默却实实在在地贯穿于他的教学中。在他的课堂上，讲课里，考试中，在如何对待学生的问题上，在几乎所有的内容上，在学习的动机上，在创新、创造力的培养上，在能力的培养上……都打上了他特有的滑稽幽默的烙印。

在上一节里，我们已经领教了亨氏考试的厉害。其实，除了极具挑战性和重视批判性思维的特征外，幽默，是亨氏考试的又一大特征。

想一想，连续不断地写上两个小时，不仅是你的手和脖子麻木了，就连你的大脑说不定也不能正常工作了。七八年级的学生，没有一个愿意连续不断地写上 40 分钟。人类的注意力也是有个限度的。我想一定有很多同学会感到两个小时的考试就好像是在走山路，前40分钟只是翻过了一个小山包，看前边——还有座喜马拉雅山在等着你呢。

有什么办法既让考试顺利进行，又不让学生望"山"哀叹呢？

看看亨利克先生是怎么处理的。

亨利克先生是个很奇特的家伙。喜剧的因子融在他的血液里，他的方法竟然是把喜剧的色彩加进考试里，以此来提高我们冲过喜马拉雅山的兴致和勇气。

我不是说在我们考试中间，亨利克先生会把考试停下几分钟，给我们说几个笑话。No! 他早就把他的笑话夹在考试题里了。

考试卷实际分成两个部分：正卷和附加卷。

正卷是那些超级长题，是我们应该学的部分。

附加卷呢？请猜一下，都是些什么题？告诉你吧，这是一类不难也不容易的考试题。

像一切考试的附加题一样，亨利克先生的试题也是有分值的，从3分到无穷大。低分值的题都是些小小的玩笑，你可以在一瞥之间完成。试举几个例子：

"为什么你把车停在通车的路上，却在停车场上开车？"

"请对我的新发型发表评论。"

"如果你可以当 power ranger（一个儿童剧中的几个超级英雄，各有自己的颜色），你将选什么样的颜色？"

"如果我是一个智者（《阿拉丁》里从魔瓶里释放出来的智者，他将帮助第一个释放他的人实现三个愿望），你只能有一个愿望，什么将是你的这个愿望？"

"如果有一只熊跑进这个教室袭击亨利克先生，你准备怎么办？"

除了3分的纯玩笑似的题，还有一类我称之为"无穷大题"。这是些标明分值"无穷大"的问题。做这种题能得多少分，只需看亨利克先生怎么想的了。"无穷大"的问题都是些很严肃的生活哲理问题，如：

"讨论一下你在我的课堂里学到的一个生活哲理问题。"

"你生活的目标是什么？"

"谁是你最伟大的榜样？为什么？"

这些题，当然同我们的课没有直接关系。但我认为同我们的考试却有关联。试想一下，当你完成了一个30分的题后，你的脑子就好像一块尽是洞的豆腐，这时，跳到附加卷部分，拣几题幽默的来答着玩玩，放松一下，然后再去攻另一个"巨兽"，你又会像才加了油的车，继续上路。每次考试中，常能听见同学们愉快的笑声。不用猜，他们准是在"玩"附加题呢。

考了几次亨氏题后，我还发现了亨利克先生设计附加题的另一个小秘密。他的考试说实在的太大、太难了些，大约只有20%的人能答完全部问题。在这20%中也只有极个别人能答得有些靠谱。很多人实在无法在这么短的时间里完成所有的问题，不是答不出，是时间问题。对那些写字慢的人，就更不公平了。附加题给每一个人以机会把成绩"搞"上去。

到底亨利克先生是怎样给他出的附加卷评分的呢？说起来，

他的评价标准也古怪得很。他不仅仅要求答题要有趣，而且还要答得有智慧。亨利克先生竟然公开宣称，谁的答案能让他笑出声来，谁就可以得满分。

比如，对那题"为什么我们把车停在通车的路上，却在停车场上开车？"（Why do we park on driveways and drive on parkways ？），我的回答是这样的："Same reason shipments come by truck and cargo comes by air." 翻成中文的意思是，同卡车搬来船货、飞机运走车厢是一个道理。这是在耍文字游戏，有点儿像中文里的对联。

亨利克先生给了我 3 分，满分！

最典型的智慧题的例子，是我对他那道"请对我的新发型发表评论"的回答。我写道："对不起，我不喜欢对悲剧发表评论。"

当我从亨利克先生那里得回卷子时，我发现他竟然在这个三分题上，给我打了个 4 分。因为据说他看到我的回答后竟然大笑了起来。

对"无穷大"的题要想得高分也非要别出心裁才行。在我回答的"无穷大"的所有题目里，我曾得过一次 15 分。应该算是最高的附加分。

那是在八年级的最后一次考试时，我提前完成了全部的正卷题，闲着没事，我就信手在"请在以下胡乱涂抹……"一题下乱画起来。

"请在以下胡乱涂抹……"是亨利克先生最别出心裁的附加题。这道题分值无穷大。题下是一片空白，你可以尽兴乱涂乱画。你一点都不用担心，无论如何你都稳拿几分。

忽然，脑子里闪出了个念头，这是我在亨利克先生班里的最后一天。当了他整整两年的学生，与他相处的一幕幕还历历在目。我决定就在这块空白里画出一个我在亨利克先生班上学习的两年大事记。我把两年间发生在亨利克先生课堂里的种种趣事都一一记了下来。什么"木偶风波"、"疯狂头发日"、"阿里默堡事件"，各种有趣的玩笑、开心的事，等等，都按时间顺序列了出来。

等我自己写完后，读了一遍，搞得自己都笑起来，好个愉快、丰富、难忘的两年。真让我自己都感动了！

一个星期后，从亨利克先生那里拿回了考卷，我得了123分（115分是满分），其中有15分来自那题"无穷大"的附加题。

亨利克先生一段热情飞扬的评语让我终身难忘。

"我在家里改考试卷，读到你的答卷时，不禁放声大笑，以至我的邻居打电话招来警察，查看我是不是有问题。Good Job!"

关于亨氏考试，后来我想得更深了一点：说实在话，亨利克先生并不是很看重考试的成绩，平时谁学得好、谁学得差，他早就心中有数了。考试不过是找个机会让大家总结一下，也创造个压力大的环境练一练我们的胆气，磨一磨我们的智慧。

如果你有可能去问一问我当年SCOPE的同学，哪个亨氏考试题让他们记忆最深？十有八九会告诉你，就是那题"请在以下胡乱涂抹……"

这是最恰当的例子，亨利克先生就是亨利克先生。这道看似毫无道理的题，实际上充满了幽默、疯狂和智慧。有了这大智大愚，我还能再用什么词来形容我们的亨利克先生呢？

# 《杰帕迪》——智力竞赛

在亨利克先生的课堂里，我们所做的，除了讨论、课题研究外，就是考试。就好像一个预定的模式——"条理型"老师的杰作。说来也奇怪，这种看起来千篇一律的做法，到了亨利克先生的手里又变得有趣起来。

老师都爱搞"课题研究"。坦白地说，所谓"课题研究"对老师来说，就是放松一两个星期，让学生来创造一切。这是真的，回家不用改作业，也用不着为写考试题头痛。你可以坐下来，舒舒服服地靠在那里，看着你的学生们没头苍蝇似的忙忙碌碌，赶在"课题研究"的期限前完成任务。很多老师都是这么做的。其实，这样的"课题研究"，不少学生也都是应付了事的。从教科书里抄几段，就算完事。不过，说来也是，又不是个个都是得诺贝尔奖的料，不少人是看准将来当兵、开卡车的，不抄才奇怪。

不过，亨利克先生最不喜欢这种"课题研究"。在七年级刚开学的第一周里，亨利克先生就对我们申明了他的教学哲学。他说："如果我每天都照着教科书一页一页地读给你们听，首先，我就感到无聊。我是个老师，如果老师都感到无聊，我找不出任何理由让学生去照着做，你们不烦我都烦。特别是面对你们这群孩子（他指的是 SCOPE 天赋班），我更不能这样做！"

亨利克先生把家庭作业也批评了一番："我很明白，你们中的大多数，即便是做完了家庭作业，也不一定学到了什么。所以，我宁愿让我的学生把精力集中在既有趣又能学到些东西的活动上。如果你喜欢读课本，请便，用你自己的时间。请记住，在大多数情况下，我们不会有很多'Busy Work'（老师通常会给学生留不少作业，目的就是想让学生总是有事做）……"

亨利克先生的这个教学哲学，会让很多老师无所适从。其实，若真要用亨利克先生的教育哲学来组织教学、组织学生搞"课题研究"、做家庭作业，老师该干的事还真不少呢。

果然，亨利克先生在他课堂上组织的课题研究和各种学习活动生动极了。《杰帕迪》（"Jeopardy"）—— 智力竞赛就是一例。

《杰帕迪》是美国一个很有名的智力竞赛电视节目，也是我们全家爱看的一个节目。据说已经搞了很多年了，许多来自全国各地的聪明人都会到这个节目中较量一番。

杰帕迪比赛时，一般都是三个人对着干。先从几个不同的大题目中选一个你认为有利于你的题目与对手抢答。每个大题下有五个小问题，每个问题都标明不同数量的奖金，抢答时，谁最快且答得对，谁就可以赢下那笔相关的奖金。最后以赢奖金的多寡来排定名次。

在美国社会里，《杰帕迪》的主题音乐已经成了智力竞赛的标志。《杰帕迪》也几乎成了国家的 icon 图像。

八年级的某一天，我们一走进亨利克先生的教室，就发现黑板上画着格子，标有不同价码的美元数目……大家都兴奋起来："哇，杰帕迪！"

亨利克先生笑眯眯地宣布"亨利克——杰帕迪"开始。

班里的男生对女生，亨利克先生戏称是一场性别大战，看看哪一方算得上超级性别。

大家又叫又跳，很快就"阵线分明"了：男同学都坐在教室的左边，女同学都聚在右边。

竞赛的大题目包括："殖民地时期的美国"、"帕提克·亨利"、"托马斯·杰斐逊"、"英国征税"，等等，全都同美国大革命的历史有关，正是我们当时学习的内容。

比赛的规则是：一个男同学对抗一个女同学，两人都坐在离黑板同样距离的椅子上，听到问题后跑向黑板，用事先准备好的粉笔在黑板上写下答案。谁写得快且对，其代表的一方就可以得到相关的"钱"。同时还获得选择大题目的权力。

亨利克先生还宣布，获胜队的每个人在下一次考试时都加5分。

很不幸，我们男生队一开场就失利。为什么呢？因为女生先抢到了选择大题目的权力。她们内部合作得很好，选题前大家都通好了气，谁懂什么，都清清楚楚。结果，老师出的题都在她们的掌握之中。

当女生们的"财富"已经涨到500美元时，我们男生还是"不名一文"。

轮到我了，没出手之前，我已经想了个"坏"点子，要让好形势向我方转换。

亨利克先生在宣布规则时说，拼写一定要正确，不能用缩写，否则不算赢，等等。

总之，我计划中要做的事，他没有任何规定。我准备钻个小空子。

我的对手是爱瑞卡·赫立顿。我很清楚爱瑞卡能答得出绝大部分问题，所以我不能把希望寄托在她的失误上。

她们选的大题目是"名人"。

这时，亨利克先生给出小问题："这个人以他的快速机智和'银舌'而出名！"

我还来不及想答案，也没等自己想清楚，就抢先跑上讲台，并随手把女队的粉笔向教室后面一丢。爱瑞卡没有了粉笔，当然写不成了，等她把粉笔找回来，我已给自己争得了几秒钟思考的时间。

爱瑞卡尖声叫喊着，跑到教室后面去追寻那支粉笔，不管是男生还是女生都笑得从椅子上跌了下来。

糟糕的是，我光顾搞恶作剧，竟然没来得及想问题，眼看爱瑞卡"卷土重来"，我的脑子里还是一片空白……

我又心生一计：黑板上用一条中线分出男女队的地盘，我一鼓作气把女队的地盘全乱画满了线，还把中线大大地向她们的地盘深处挪动了一块。

这时，女同学一边笑一边开始叽叽喳喳抱怨起来。当然，男同学却个个为我叫好。

爱瑞卡使劲把我推开，擦净黑板上的乱线，开始在黑板上写答案。她刚刚写了个"Pat"，我的记忆力就恢复了。我一把把她推开，快速地写下"Patrick Henry"。我这时的反应和动作要比当年的帕提克·亨利（Patrick Henry）还要快（帕提克·亨利克是美国历史上很有名的律师。他有一句名言是："不自由，毋宁死。"他以头脑反应敏捷，口齿伶俐著称）。

当我写完时，爱瑞卡只写了"Patrick Hen..."

女生没完成拼写，这回我们总算"赢"了。

我马上跑进我们的"领土"，同队友们共同庆贺这个来之不易的第一次"胜利"。

亨利克先生笑得脸都红了。他好不容易忍住笑，说道："男同学赢了他们的第一个问题，这个问题值100美元。但是……因为矿是靠'小动作'赢得的这一题，我要从中减去99美元……"

这一下，对抗的成绩变成了1比500，但男生终于拿到了选题权。

我们不怕落后，一路追"富寇"……

下课铃响了，对抗的成绩已经变成1149比1100。男队赢了！

女同学一输就蔫。我们男生为自己庆功，好不得意了一阵。每个男生在下一次考试时都会加5分。

嘿，先别太得意忘形！老师还没做总评呢。

亨利克先生大声宣布说："今天的课大家都很努力，下次考试，每个人加5个附加分。"

听清楚了吗？是每一个人！

可能这种方法并不是很正规的教学方法，但很有效！

其实，亨利克先生是在帮我们做考试前的复习呢。他为我们创造了一个互相竞争的环境，利用我们大家都想赢的心理，让我们不由自主地拼命想多懂一些，主动从失误中学习。当然，这又是个有趣的、轻松的环境。有谁会拒绝在这种环境中学习呢？

在结束这一节前，我有个关于学习环境的怪想：在亨利克先生的班上，同学们都变得很爱学习，个个都想成为懂得最多的人。竞争几乎贯穿了整整两年，如果你是个老师，你发现你的学生都那么士气十足，那么，你应该拍拍自己的肩膀，祝贺一下自己。

因为，你干了件大好事！

# 游戏一回课题研究

有人说："游戏人生。"我倒是游戏了一回课题研究。

八年级的最后一个学期，亨利克先生让我们做一个叫做"美国国内战争"的很大的课题研究。同学们情绪高涨，都想露一手。每个人都要选择一个不同于他人但又与美国国内战争有关的题目。同学们选的多是战争期间的将军、英雄、武器、战争谋略、事件，等等。

我选择了"安提顿战役"。

我最喜欢的一部描写美国国内战争的电影，叫《荣耀》。每次看我都会掉泪。电影中那个美国历史上的第一个黑人军团在歧视中奋战，最后全军覆灭。那个全团人坦然走向死亡战场的情节，让我永远难忘。

我直觉地相信我一定能做好这个课题研究。但是，到底该怎么做呢？我心里还没有底。

根据亨利克先生的要求，我们的研究必须包括三个部分：一是课题研究的论文，二是在班上作汇报，三是提交一个与课题研究有关的看得见摸得着的实物。他是根据这三部分来综合打分的。

这个时间正好是斯小姐班上的"木偶戏风波"过后不久。斯小姐对我们别出心裁的课题研究大打出手，如果换了其他班，还真让人心有余悸。但这是亨利克先生的课。在亨利克先生的班上，怕的是你不出"新"，怕的就是你是个跟屁虫，只会 copy 资料。

根据我多年搞课题研究的经验，你必须做你真正感兴趣的东西，才能非常投入，才会感到非常有意思。搞研究如果是那种"唉，不得不做……"的东西，就没有多大的意思了。有的课题研究也真够烦人的，不做嘛，不行；做嘛，又没多大意思。照我看，要搞课题研究就要有趣，就应该是那种一说起来就兴奋："嗨，太有趣啦！"这次我隐隐约约感到能搞出点"彩"。

当时，我正着迷一种叫做"MUD"（Multi User Dungeon）的电脑游戏，可以一玩玩几个小时。MUD 是一种网上玩的游戏，联上网后全世界的人都能玩。开始时，我仅仅是在人家的 MUD 上玩，后来我"解剖"了几个程序，发现了 MUD 的编程秘密。我搞到软件后，也试着搞起了我自己的 MUD。让人家来我的 MUD 上玩不是更有趣嘛。

能不能把 MUD 与亨利克先生的课题研究联系起来？我想了整整一个星期。我要做一个最具创造性、最具雄心的课题研究。

有一天，突然一个念头在我的脑海里闪过：什么才是让人亲身体验到国内战争的最好方式呢？为什么不能自己设计一个有关"安提顿战役"的 MUD 呢？于是，我绞尽脑汁去构思一个"野心勃勃"的而且似乎是越来越可行的计划。

写到这里，我才意识到可能那些不了解 MUD 的读者根本没法跟上我的思路。怎么说呢？请您站起身，看一看您身处的房子并且用最好的文字去描述它。实际上，您所做的就正好是 MUD 的创造者们经年来在做的事。也就是说去模拟生活。MUD 就是用纯文字去模拟生活。这种游戏的特点是无图像，只用文字来控制和操作你自己创造的一个个可高可瘦、或强壮或智慧的"人物"。素未谋面的玩家朋友们既可以在网上对话，又可以通过文字来指挥你这个"人物"的行动，可以互相争斗也可以相互合作。什么叫模拟生活呢？你可以模拟人，也可以模拟物。在 MUD 的游戏中，你可以设计一个个场景，操纵你的人物到宾馆去租一间房住一宿，或者坐下来品尝一杯柠檬茶……总之，你可以在这个通过文字描述的美好的模拟世界里遨游。当然，MUD 上的这一切都是用电脑程序来控制的。

如果您已对 MUD 有了点朦胧的感性认识，请继续读下去。如若您仍然对 MUD 云山雾罩，也不要担心，继续往下读，您慢慢会理解的。

一扯就扯远了，还是言归正传吧。我决定用 MUD 的形式来表现"安提顿战役"。首先，我要收集资料，并下工夫研究一下"安提顿战役"；其次，考虑怎么样用 MUD 的形式来表现战役的一个个场景；然后，再研究怎么把有关的将士以及战斗的情节做成 MUD 中的一个个"人物"。我必须按照准确的历史信息去给我的一个个人物编好个性化的程序。

整个构思设计好了。但这仅仅是个开头，重要的是怎样把这个构思写成电脑程序。开始编程序后，才做到一半，我就意识到我可能是"眼大肚小"——I had realized I had taken a bigger bite than I could swallow. 一个接一个的问题和错误蹦出来（popped up），真是按下葫芦浮起瓢。我花了几个星期的时间才 fix 这些程序上的错误。还有一星期就得交"卷"了，我的朋友有一半也都完成了，我还在加班加点地干。每天我都编程序，做"人物"，直到深夜。到了该"交卷"的那个星期的星期一，才终于大功告成，不用说我有多高兴了！

在临交卷的前一天，我突然意识到，我忽略了一件至关重要的事儿：我的 MUD 是在我家的 PC 上写的，要在学校演示 MUD，让老师和同学们能够在学校看到我的 MUD，我必须让学校的电脑同我家的电脑联网，不能联网一切就要泡汤。

我立即问亨利克先生我能不能用他的电脑测试一下。

亨利克先生嘛，那当然是绝对没有问题的。他笑着开玩笑说："我可不要病毒哟！"

打开亨利克先生的电脑，我才发现，我们学校使用的苹果牌电脑根本无法联上我在 PC 上写的 MUD！我真想对天大喊呀……

有什么办法呢？只能像往常那样在压力下干得更好些吧！我必须利用剩下的时间解决问题，15 分钟后，我在网上找到了一种可以让苹果牌电脑联上我的 PC 电脑上的 MUD 的软件。我下载这个软件后，只剩下 3 分钟了，我又赶紧把它安装在亨利克先生的电脑上，并测试了它。当我确认明天我能使学校的苹果牌电脑联上我的 MUD 后，就急急忙忙去赶校车，这时，只剩下 3 秒钟车子就要开了。

校车一开，我又突然意识到另一个可能会使我几个星期的工作前功尽弃的问题：在学校演示 MUD，家里的电脑也必须同时运行才能共同联网。我人在学校，谁来管理家里的 MUD 的运行？

你是否看过《教父》这部电影？它并不是仅仅讲黑帮分子的相互仇杀，它还含有一些很深刻的意义。比如："在你最需要的时候，你的家庭总会最先出现。"我借用了阿尔·帕西诺的话。当我需要的时候，我的爸爸会及时出现。

剩下的问题是，我必须相信我能在那晚上剩下的 4 个小时内教会我爸爸去管理 MUD 的运转。

我爸爸通常喜欢在人家很认真地恳求他的时候跟你打哈哈。这好像非常可笑，假如你看到我爸爸在我试图得到他的配合时他装出的傻乎乎的表情时，你一定会相信这是世界上最滑稽的事情。这是我期待一个哲学博士的最后一件事，也是我期待我爸爸的第一件事。

好在那天晚上，我猜他一定是看出了我在这个课题上的挫折感和认真态度，爸爸很配合我，但还是打了哈哈，只不过降到了最低限度。他出奇专心地听我解说，并很快理解了要点，大约在 11 点半钟，我已经尽最大努力使爸爸能在如此短的时间内学会管理好我的 MUD。他保证明天准时开机让 MUD 运行，一直到我放学回家。爸爸终于在关键的时候派上用场。现在的问题是由于我们要正常地联网，而 MUD 的 IP 地址是时时变化的，我必须在约定的时间打电话回家，向爸爸查询当时的 MUD 的 IP 地址，以便我能在班上汇报演示的时候准确地连接上亨利克先生的电脑。这个计划听起来很冒险，对吧？猜猜看，后来怎么样？

第二天，到班里去汇报演示之前，我先要给爸爸打电话问

MUD 的 IP 地址，但一般学校是不允许学生用学校电话的，因为我跟秘书很熟（原因嘛，在有关斯小姐一节已有说明），我就到学校办公室去。

秘书说："矿岩？你又有麻烦啦？"说着又是咯咯笑又是啧啧叹息，我甚至还没问她打电话的事呢，她就说："你当然可以用电话。"

爸爸似乎一直在等我的这个电话，他很麻利地找到 MUD 的 IP 地址，并清晰地告诉了我。

我长长地松了一口气，承担了两个月的压力，我终于可以汇报和演示我的课题研究了。我走进亨利克先生的教室，稍稍有点儿迟了。然而亨利克先生是熟知教书精髓而不在乎那些人为的小规矩的，他似乎根本没看到我的"迟到"。我快步冲向电脑，企图连接爸爸给我的地址………

哎呀！屏幕是一片空白，只有一行字："连接远端的电脑出现问题"。

我的眼珠都几乎要蹦了出来，看着这行字一次又一次地出现。

我把所有我能想到的电脑问题都查了一遍又一遍，没有发现任何毛病！一定是爸爸那边出了问题……

让我再重复一次，这个国内战争的课题研究的成绩占 200 个 points，而半个学期的总点数才是 600 个 points。这可是我三分之一的成绩呀！

我是不是该六神无主了？我不止一次地对自己说过："置之死地而后生。"

我跑到亨利克先生面前，像个可怜的小狗那样愁眉苦脸，向他半解释半恳求……

亨利克先生直看着我笑。他看着我的滑稽相足有一分钟，然后说道："Hmm… 也不知道是什么奇怪的原因，在我今天的按照字母排列的汇报演讲名单上，Huang（黄）似乎是排在了最后一个。但我又懒得去改它了，那你就明天吧……"他面部的表情装得奇奇怪怪的，但我看出了他深藏在后面的笑意。

我们的汇报演讲顺序是按各人的姓的第一个字母排列的，Huang 的 H 很靠前，谁都知道今天该轮到我了的……

我一遍一遍地感谢他。

他说："感谢我？为什么？我不过是把你的姓名拼写错了嘛！"

我们俩会心地相视一下，放声大笑。

这可是在"木偶戏风波"后不久的事，我真的是从心底里放声大笑！为我有这样的一个老师呀！

这时，办公室的信息员跑来，递给亨利克先生一张粉红色的小纸条。这种粉红色的小纸条通常意味着有重要信息给老师或学生。

亨利克先生意味深长地笑着，把粉红色的小纸条递给我，说道："等一下，等一下，我想我还是把那个汇报演讲名单改一改，你还是今天汇报演示吧！"说完自顾自地大笑。

我一看，那张粉红色纸条上是家里的我的 MUD 的 IP 地址！

后来回家后我才知道，在我打完电话，得到 IP 地址后，家里的电脑意外地停机，必须重新启动，这样一来原先爸爸已告诉我的 MUD 的 IP 地址就变了。我那个平时总爱和我打哈哈的爸爸竟然自己"闯"到 MUD 的世界去（那可是我从来没有教过他的呀），找到了 IP 地址，然后又翻阅电话簿，查找到学校的电话号码，打电话到办公室，让人立即把地址送到亨利克先生的班上……

阿尔·帕西诺的关于家庭的 stuff 真是神奇。

更神奇的是我的课题 presentation 汇报演示：

我打开电脑，接通 MUD，走进了我编制的"安提顿战役"的历史场景。我采用的是"回到历史"的方式，电脑里首先出现我们中学的校门，然后是我们班的同学们走进亨利克先生的教室。亨利克先生向大家简要地介绍了大的历史背景，对同学们说："如果你们想看一看历史的真相，请拿上这把钥匙，打开这扇历史的大门，走进历史去作个采访吧。"

同学们都踊跃要求当 volunteer（自愿参试者），我没挑麦德，挑了一个稍懂电脑的同学。于是，他走进南军的司令部去采访南军司令。司令官竟然也不在乎他的采访者是谁，就滔滔不绝地向他介绍起南军的战略战术。到了南军前线，还可以看到他们的兵力部署。在北军方面，这位同学除了会见司令官，他还同大个子士兵交谈。大个子告诉这位同学他是怎样搞到对这场战役起决定性作用的情报的……

整个游戏把"安提顿战役"从大背景到具体的细节都介绍了一遍。我不但把亨利克先生"做"进了我的游戏，班里的绝大部分同学也都被我"编"进了游戏里。老师和同学们看到自己在历

对啦，我忘了说，亨利克先生是学校网球队的教练，下了课，我又是他的队员。

史的游戏中活动，欢呼笑语一阵高过一阵。大家都被我标新立异的课题研究汇报惊得一愣一愣的。特别是那些玩过 MUD 的同学们，简直就着了迷！

我在编程序时还不忘搞点笑，比如让亨利克先生穿戴着搭配错误的领带和衬衣，手里还拿着个网球拍，看到自己在电脑中的一副滑稽相，亨利克先生开怀大笑，那笑声足足抵得上两三个人的总和。

全班所有的汇报都演示完后，亨利克先生把我的课题研究的最后成绩给我。看到自己的成绩，我笑了，因为它真像一个玩笑呀！

总点数是：260 points；最终成绩是：130%。

要知道，按规定，最高点数是 200 points，满分是 100%。

亨利克先生对我说："这是我今年看到的最好的课题研究。非常具有创造性！"说着他拿起网球拍："今天网球队训练，你来吗？"

对啦，我忘了说，亨利克先生是学校网球队的教练，下了课，我又是他的队员。

# 第九频道晚间新闻

我知道每一个生活在现代社会的人都看过电视新闻，但并不是每个人都拍过电视新闻。即使是拍过电视新闻的，也不可能有哪一个能幸运地回到两百年前，去拍当时的"新"闻。

信不信由你，在亨利克先生的班里，我们全班同学都当了一回两百年前的新闻人物兼新闻记者，并制作了电视发明之前的"电视新闻"。

我们当时正在学美国大革命后期的历史。大革命后发生过各种各样的有趣故事，这些小故事都从不同的侧面反映了当时的社会和历史。亨利克先生决定让我们全班同学都回到百年前的历史里，以一个电视新闻记者的眼光来报道一些不怎么起眼的历史事件。同学们被分成若干小组，每个组代表一个不同的电视台去报道一个不同的历史事件。这是我们搞的另一个"课题研究"。

很幸运，我和麦德又分到了一个组。我们要报道的"breaking story"是的黎波里战争（Tripoli War）。因为我们小组的电视节目叫"第九频道晚间新闻"，所以，我就把这个课题研究也叫做"第九频道晚间新闻"。

的黎波里是个北非小港口国家，在19世纪初同美国曾有过几年战争。从历史的角度看，这不过是个隐藏在美国大革命影子下的一个小小事件。我相信很多老师不会对此感兴趣。当然，亨利克先生并不这样认为。

的黎波里战争的故事情节很冗长。让我简单介绍一下这个历史事件的背景：

在非洲大陆的最北端，也就是现在的利比亚一带，有四个很大的对外贸易港。几百年来，这一带成为当时世界贸易的一个中心，各国商船来往频繁。这四个港口中，有一个叫的黎波里。当地的一群海盗控制了这些港口，各国的贸易船只都必须交保护费才能进出。当时，英国很强大，但他们没有摧毁那些海盗，而是付更多的钱收买了海盗，让他们破坏、捣毁其他国家的商船，以便独霸国际市场。

独立战争前，因为美国是英国的殖民地，海盗们就从来不给美国商船找麻烦。美国独立后，以的黎波里港口海盗为首，开始刁难袭击美国商船。

1801 年，在英国的暗中支持下，的黎波里的国王要求美国交付更多的保护费，否则就让海盗袭击所有美国商船。美国当时的总统托马斯·杰斐逊一口拒绝了这种海盗式的威胁。很快，美国和的黎波里开始了海战。

战争持续了三年，在这当中美国的一艘战舰"费罗达菲亚号"被的黎波里俘获。一位勇敢的年轻水手，史迪文·德卡特假扮成海盗，混到"费罗达菲亚号"上把船给烧毁了。

1805 年，的黎波里终于同美国签署了和平条约。这是美国独立后一个很重要的外交事件。

OK，写了那么多，我都感到有些无聊了。我不能想象坐在教室里一天天去背这些东西，这不就像一群人坐在草地上，大眼瞪小眼地看着草长大一样那么无聊吗？（Might as well watch the grass grow.）

感谢上帝，亨利克先生没让我们去死背这些东西，而是让我们制作电视节目。我们可以当节目主持人、当记者、当撰稿人、当摄影师，还可以当当海盗什么的，这多有意思啊！

开始拍电视片之前，我们已经把全部的新闻节目安排好了。有当地新闻、体育新闻、气象消息。有的是乱编的，弄来搞笑的，如体育新闻我们编了一条英国棒球消息，当地新闻是从旧报纸上找来的，气象消息采用了辛辛那提当天的天气预报。花时间最多的、费了最多心机的，是编写头条新闻：的黎波里战争结束和有关战争的重点报道。

开拍新闻那天，为谁当什么角色，大家简直争得一塌糊涂。若是换成读教科书，有多少人会去这么争着上呢？我看从来都不会有这么热闹。

最后我争到了三个角色：节目主持人、的黎波里的国王和一个海盗。麦德当了托马斯·杰斐逊，还当一个海盗。

我们的节目里有的黎波里的国王向美国挑衅的镜头；也有托马斯·杰斐逊斩钉截铁地拒绝威胁的片段；还有海盗们袭击商船的记录（同学们扮起海盗来个个都像《彼得·潘》中的铁勾手船长的手下）；当然，还有对孤胆英雄史迪文·德卡特的专访。

我们的"第九频道晚间新闻"编得有头有尾。连我们自己都差不多相信，两百年前的电视就不过如此了（两百年前，电台都还没有呢）。最后，是各组的汇报放映。看着看着，全班同学都一下子回到了两百年前……

特别是看到自己的电视形象，尽管都知道是那么回事，但还是有一种不可名状、不可思议的特殊感觉。

做了这个有趣的电视节目，的黎波里战争就再也忘记不了啦。一回忆起自己在电视里的镜头，许多有关战争的资料也就从头脑里冒出了。

不过，有个问题我一直想不通。没当过国王、总统，扮不太像也就算了。我和麦德都没当过海盗，但我俩扮演的"海盗"，不是像不像的问题，整个就是一个海盗！

# 嗨，我是个中国男孩！

有关我的美国老师我已经讲得足够多了。在书的开头，我写了"一个不太安分守己的小角色"，在结束这本书之前，让我还是回到这个小角色身上来吧。

11 年前，不懂英文的我，用头把那个大同学扮演的鹿王之子——"斑比"给顶下去了。在这之后的 11 年中，我是怎样长大的呢？故事很多很多，但很多读者可能更想知道我作为一个中国人的有关故事，那就再讲两个，算是这本书的结尾吧。

我想说一件终身难忘的事。

有一年，经过残酷的淘汰竞争，我被选进了足球队。大家都来自不同的学校，谁也不认识谁。

这是一个在男孩子的世界里，互相"定位"的最敏感时期。

初见面，每一个人都试图让人家知道自己是谁。也就是说，大家都在伸出"触角"去试探试探，哪里是可碰击的"软肋"，哪里是不能触及的"雷区"。因此，这种试探，往往都带有些互相挑衅的心理，想争得比他人更高的"社会地位"。

在美国学校，如果你想表现得酷，又不想太坏，最简单有效的方法就是在刚开学的几个星期里，拼命找机会开人家的玩笑，出出进进地敲打人家的"软肋"。然后，让你周围的人，因为不想被你讽刺挖苦而成为你的"基本群众"。

我对这种做法很不感兴趣，很少真正地去伤害人家。因为你以为是别人"软肋"的地方，可能正好是别人的"雷区"呢。我并不想用这种方法去聚集"跟班"。当然，我也会开开玩笑，戏弄一下别人。不过我知道什么时候该停，什么时候还可以再说几句，就像玩一副扑克牌一样。

在足球队里，我平时训练和打比赛都很努力。我知道这才是争取他人尊重的唯一正确的方法。但有的人不能在球场上、训练场上与人较量，却又要"争取群众"。于是，他们就在场外耍嘴皮功夫。

一天，足球队练球之前，我们队的一个男孩以为我是个"软柿子"，开始用我来打趣，想以此表现他的"酷"。我们先是互相挖苦对方，当然，论挖苦人的本事，他绝非我的对手。这个家伙足球踢不好，训练也不刻苦，又自以为是。他几乎没有上场打比赛的机会，为了让他有事可做，每次教练都叫他和另一个男孩登记进球和犯规队员的号码，我开玩笑说他的球技和智商仅仅够格当个"助理"登记员。被我揭了短，情急之下他就不顾一切地骂道："混账的 Chink（侮辱中国人的叫法）……"

在我的朋友中那些了解我的人，常常会告诫新认识我的人："别去惹矿，他懂得功夫跆拳道之类的东西。"我的中国功夫名声在外，其实都是些"三脚猫"的拳脚。尽管如此，打起架来，那点功夫足以让我占尽便宜。我曾经打过好几次架，我记得只输过一次，就是我8岁那年与一个12岁男孩打架，我的鼻子都被打出血了。其他的情况，我都处理得还不赖。

当这个男孩开始用种族主义的东西攻击我时，这就把我推过了界限，显然和这个男孩已经不能再说什么了。队里那些了解我的男孩们立即围拢上来，他们知道一定有事要发生了。

我说："我给你一个机会把那个'词'收回去……"我说得非常冷静和镇定。

麦德企图介入进来帮我，但我非常平静地对他说："麦德，我应付得了。"

要是这个男孩聪明的话，他应该马上就把他的话收回或者干脆不做声。我看这个家伙注定是个蠢蛋，他竟然继续提到那个侮辱中国人的字眼。

我压住我的愤怒，扫了麦德一眼，他知道要发生什么事了。

我慢慢地走过去，异常平静地说："OK..."

突然我猛地抓住他的左腕关节飞起一脚就踢他的右膝关节，他跪倒在地，我钳紧他的手腕，反扭到他的背后最疼痛的位置。

我又一脚蹬在他的左边小腿肚子上，接着紧紧勒住他的脖子，说："有两件事你是绝不能碰的，一是我家，二是我的种族！"在说到"种族"二字时，我使劲儿往回勒他的脖子。

他从喉咙里憋出女孩般的尖叫。

全队二十多人都站在那里看着，静悄悄的。

我说："混账的小种族主义者，我要打断你的手……"我用膝盖猛一顶他的背后，他由跪着变为脸朝地摔倒在地上。我用膝盖抵压着他的脖子后面，把他被扭着的手再往后一抬，问道："这个滋味怎么样？"

我狠狠地瞪着那个男孩："我赌你再敢说一次……"

麦德估计我打得差不多了，就冲过来试图把我拉开。

这时全队的人也都围上来把我拉开。大家都说："矿，冷静，冷静，对这样的 punk（小流氓）根本不值得……"

我放开手，让那个家伙怪相百出地躺在地上。

从那天以后，那个男孩再不敢对我怎样。只要我望他一眼，我就能感到他在心里打哆嗦。每碰面一次，只要我正眼看他，他都会马上向我道歉一次。

这是我的"自傲"（my pride）：我是一个中国男孩！我从来都为我的家庭、我的种族、我的肤色骄傲，为我的"根"自豪。这是一个信念。一个人绝不能从他的信念中退缩下来。这就是为什么我每次都要奋起争斗。我想，我是这所学校唯一的中国孩子，我代表着我的整个国家，假如我被那种事情吓退了，我就让十多亿中国人丢脸了，那也包括我自己呀！

然而，我的"自傲"有时也让我干些很愚蠢的事。

麦德·塔克宁和我是一种很有趣的友谊关系。可以说这种友情关系是建立在纯粹的、完全的竞争上的。我们俩几乎在所有可能产生竞争的事情上都要争个高低。为什么？ Who knows——谁也说不清。我们俩总是想着 "I'm better than you are."（我就是比你强！）其实，我也知道这里面可能有不能算是健康的竞争。有时，这种竞争会让我们去干些你可能从来没听过的蠢事。

八年级那年的夏天，我和麦德决定开始练习网球。因为一开学我俩就要一起上默乐高中了，我们都非常想加入默乐高中的网球队。玩过网球的人都知道，网球同足球、篮球、橄榄球不一样。网球不要求你的体魄特强壮，但对心理素质、战术和注意力都要求很高。

一天，我们决定到附近的公园去练网球。父母都去上班了，没人能开车送我们。于是，我俩在电话里商量好跑步去公园。麦德的家离公园大约有 1 英里远，而我家估计有 3 英里。临出门，听到电台的天气预报正在警告，说当时的气温是华氏 98 度（相当于摄氏 38 度），今天最高温可能会超过华氏 100 度，告诫大家防止中暑。

我跑到网球场，已是满头大汗。在被太阳晒得滚烫的网球场上我们开始练球。可能是被太阳烤的，两人的脾气都很大，打着打着就开始为输赢争了起来。

一个小时后，我和麦德都沉默下来，剩下的只是狠狠地对打。每发一个球，双方都竭尽全力想去赢这一分。球越发越凶，回球也越来越狠。

一个小时，又一个小时，我们还是一言不发，拼命打球。正午的太阳像是停在了网球场的上空，看着我们在拼命打球。我和麦德都脱得只剩下一条短裤。我敢发誓，气温一定超过华氏100度。我们俩都是又渴又累，但就是没人要求停下来休息一下，喝口水。这是一场"不说话"的比赛，一场硬汉子的比赛——A tough man competition。谁先说话，不管说什么，就意味你输了。软蛋才会需要喝水、休息，软蛋才首先提出回家。

这是一场安静的、你争我抢的比赛。

快两点了，我感到我的手臂软得就好像面条一样。从早上到现在，我们不停地打了四个多小时，没有停下来休息哪怕一秒钟，更别提喝水了。我看得出麦德也是很累很累了，他回过来的球早就没有了威力。我浑身上下湿漉漉的，连跑鞋里都是汗，就像个游泳池。那黄绿色的小球无精打采地在我们俩之间跳来跳去。但是，还是没人开口叫停。他咬紧牙，我当然可以坚持，我不能显示半点儿软弱。

无声的搏斗持续到下午5点。

我想，到这时候可能连太阳都感到无聊了，太阳开始西斜。

我们已经打了整整7个小时的网球，不间断的7个小时，就算是在跑马拉松吧。大概是过了极限，我反而不感觉到累了，只是眼皮有点儿发酸……

这关系到我的"自傲"，我当然不会首先放弃这个竞争。麦德呢？他也不会。

前前后后，一共来了又走了二十几伙打网球的人，就我俩还在那里打……

你一定会很关心到底我们最后是怎么停下来的吧?

6点钟了，麦德的妈妈开着车找到了网球场，看见我们光着膀子、精疲力竭、痛苦万状，但还在猛抽球，她大叫起来:"你们疯了吗? 不怕太阳、不怕热，饭总要吃吧?"

这回，麦德没有选择了，他必须离开。若依了我们俩，我们一定会一直打到其中有一个人倒下为止。

这就是我的故事。有时会面对挑战，有时会干点蠢事，有时也很平淡无奇。无论怎样，我想我都会很快乐的。

我总是提醒自己:嗨，你是一个中国男孩! 一个聪明、好胜、幽默，又有些自以为是的中国男孩!

好了，我想我应该 shut up 了。

我有过许多老师，我从他们那里学到了不少东西。